기독교의 본질

Orientations Volume 2 Part A for
Those Who Accompany Others on the Inward Journey
Copyright ⓒ by Ludwig Andreas Feuerbach
Guelph Centre of Spiritualiy, Guelph, Ontario, Canada N1H 6J9

Translated by Sun Gyeong Park
Korean translation ⓒ 2023 by Dong Yeon Press
Published by arrangement with Dong Yeon Press

기독교의 본질 〈개정판〉

1982년 4월 20일 초판 1쇄 펴냄
2023년 10월 25일 개정판 1쇄 펴냄

지은이 | 루드비히 포이에르바하
옮긴이 | 박순경
엮은이 | 김애영
펴낸이 | 김영호
펴낸곳 | 도서출판 동연
등　록 | 제1-1383호(1992년 6월 12일)
주　소 | 서울시 마포구 월드컵로 163-3
전　화 | (02) 335-2630
팩　스 | (02) 335-2640
이메일 | yh4321@gmail.com
S N S | instagram.com/dongyeon_press

ISBN 978-89-6447-957-5 93200

기독교의

본질

루드비히 포이에르바하 지음 | 박순경 옮김

동연

개정판을 펴내며

2020년 10월 24일에 돌아가신 원초 박순경 교수의 장례식을 치르고 얼마 되지 않은 어느 날 도서출판 동연의 김영호 사장님으로부터 원초의 추모집 출판을 제안받았다. 그리고 『하나님 혁명의 열망자, 원초 박순경』이라는 추모집을 만들어 2021년 11월 10일에 원초 박순경 교수 서거 1주기 추모 예배와 출판기념회 행사를 가졌다. 원초의 3주기를 앞두고 또다시 동연 김 사장님의 제안으로 루드비히 포이에르바하(Ludwig Feuerbach)의 독일어판 *Das Wesen des Christentums*을 원초가 번역 출판한 『기독교의 본질』을 원초의 통일 신학 저서 중 하나인 『민족통일과 기독교』와 함께 출판하게 되었다. 1982년 4월 종로서적에서 초판 발행된 『기독교의 본질』은 1993년에 초판 중쇄되었고, 한길사에서 1986년 4월에 출판된 『민족통일과 기독교』는 같은 해 여름 제12회 오늘의 책에 선정되었으며, 1988년에 제3판을 발행하였다.

이제 『기독교의 본질』에 관하여 간략하게 핵심적으로 일별해 보고자 한다.

독일 관념론을 완성한 헤겔에 의하면, 철학의 대상은 영원한 진리, 즉 신(神)이다. 철학은 종교를 설명하면서 결국 자기 자신(철학)을 설명하는 것이라고 본 것이다. 헤겔이 튀빙겐신학교의 신학도였을 무렵, 신학과 철학을 공부하는 학생들의 혼을 분열시키고 있던 것은 초자연주의적 종교와 합리주의와의 갈등이었다. 그리스도에 대한 헤겔의 해석은 성서적 그리스도 상(像)의 역사적 실재성을 당연시했다. 그의 해석은 신과 인간의 보편적이며 본질적 통일의 상징적 의미를 강조하는 데 있다. 즉, 그의 해석은 실재성과 상징성 모두를 내포하고 있다.

헤겔의 이러한 해석을 둘러싸고 헤겔학파의 분열이 일어났다. 헤겔 사후에 일어난 헤겔학파 분열의 논쟁을 역사비평의 문제와 인간학적 문제라는 양 측면에서 보자면, 우리가 그리스도에 관한 역사적 보고에 의존할 수 있는가 하는 문제가 있다. 즉, 예수의 생애에 관한 보고가 참이냐 거짓이냐 하는 문제를 둘러싸고 헤겔학파의 분열이 일어났으니, 이는 역사학적 혹은 역사비평의 문제이다. 헤겔 우파에 속하는 D. F. 슈트라우스나 F. C. 바우르 같은 신학자들은 헤겔적 전제 아래서도 기독교 신학이 유지될 수 있고 정당화될 수 있음을 보여주고자 했다.

반면에 헤겔의 종교철학에 대하여 인간학적 비판을 가한 사람이 바로 헤겔 소장학파에 속해 있던 포이에르바하(1804~1972)였으니, 그는 종교를 인간학으로 환원시켰다. 그는 신학자들의 역사비평적 문제가 아닌 인간학적 문제를 제기하였다. 기독교를 정면으로 비판한 그의 『기독교의 본질』(Das Wesen des Christentums)은 1841년에 출판되었다. 이 책은 종교가 지배하는 보수적인 독일 사회에 엄청난 충격과 파장을 불러일으켰다. 종교와 신학을 완전히 전복시키고자 했던 포이에르바하는 1804년 유명한 형법학 교수의 아들로 태어났으며, 1823년에 하이델베르크에서 신학 공부를 시작했다. 그러나 아버지의 반대를 물리치고 1825년에 신학에서 철학으로 전공을 바꿨다. 헤겔에게서 큰 영향을 받았던 포이에르바하였으나, 그리스도와 근대 정신의 통합을 추구했던 헤겔의 시도에 대립하는 포이에르바하와 마르크스적 반증(反證)의 역사, 즉 인류의 반종교적 태도는 헤겔, 포이에르바하, 마르크스 사이에서 일어난 논쟁의 산물이다.

　기독교 전통, 고전 그리스, 계몽주의, 로망주의 등의 모든 것이 보편적 종합으로 통일되어야 했는데, 그만큼 철저하게 종합을 시도해 본 사람이 없을 정도라고 평가받는 헤겔과의 연관성을 고려하면서 우리는 포이에르바하의 기독교 비판·종교 비판을 살펴볼 필요가 있다. 헤겔은 신과 인간의 종합, 종교와 문화의 종합, 국가와 교회의 위대한 종합을 추구하였다. 헤겔은 인간을 신이 자기 자신을 의식하는 바탕으로서의 존재로 간주했다. 즉, 신은 인간의 신의식(神意識)에서 자기를 인식한다는 것인데, 인간 안에 있는 신이 인간 안에서 자기 자신을 만난다는 것이다. 그러나 헤겔의 종교철학에 대해 인간학적 비판에 착수했던 포이에르바하는 인간이 자기 자신 안에서 신을 창조한다고 보았다. 포이에르바하의 '투사설' 혹은 '투사이론'(Projetionstheorie)을 따라 프로이드는 신을 '인간의 투사', '투영'

으로, '아버지의 상'(father image)으로 해석하는데, 포이에르바하야말로 투사설 혹은 투사이론의 주창자였다. 포이에르바하에 의하면, 인간의 무한성, 무한한 생존 의식, 사랑의 무한한 강도(强度)에 대한 경험이 인간에게 상(像, 이미지)을 투사 혹은 투영할 스크린을 가지도록 한다는 것이다. 어쨌든 "신은 생리적이거나 우주적인 존재가 아니라 심리학적인 존재"라고 하는 『기독교의 본질』에서 주장된 포이에르바하의 이 명제는 신학이 현재 정신분석학과 직면하고 있는 상황을 적절히 표현해 준다.

헤겔의 관념철학과 대결하면서 포이에르바하는 무신론의 의도를 가지고 종교 비판을 추구하였다. 그는 자신의 작업을 통해 신이 있느냐 없느냐 하는 물음, 즉 유신론과 무신론의 대조는 17, 18세기에 속하는 것이고 19세기에는 해당하지 않는다고 했다. 1841년에 출판한 『기독교의 본질』에서 그의 의도는 신학의 환상에서 벗어나 종교의 진정한 의미를 부각하는 것이었다. 이 책은 얼마 후 세 가지 판이 나왔으며, 이로써 그의 명성의 크기와 그가 그 시대의 정신적 삶에 끼친 영향력의 최고치를 드러냈다. 그러나 그에게 종교적 문제는 아직 해결되지 않았기에 1845년에 더 풍부해진 『기독교의 본질』이 출판되었다. 이 책은 1848/49년 하이델베르크의 시청사에서 개최된 대학생 초청행사에서 강의한 "종교의 본질에 대한 강의"가 기본 틀이 되었으며, 1851년에 책으로 출판되었다.

『종교의 본질』에서 포이에르바하는 성서에서 말하듯이 신이 자기 모습대로 인간을 창조한 것이 아니라 인간이 자기 모습대로 신을 창조한 것이며, 신은 공상적인 존재, 인간의 원망상(願望像) 혹은 소망의 이미지를 초월적인 것으로 바꾸어 놓은 것, 그의 희망과 기대, 동경과 환상의 투사라고 말한다. 종교는 특히 인간적 실존의 무한한 욕구를 나타내므로 신학은 인간학으로 바뀐다. 왜냐하면 신은 인간의 피조물이기 때문이다. "신은 인간의 거울이다!" 즉, 종교는 인간 정신의 꿈으로 증명된다는 것이다(『기독교의 본질』).

이러한 포이에르바하의 주장과 관련하여, 서구 기독교에서 발견한 것만을 제시했을 뿐이라며 그의 한계를 지적하는 논의가 있다. 그가 문제 삼은 것은 인간에 의해 형성되고 틀 잡힌 신의 이미지, 예를 들면 도덕적 이념으로서의 신, '도덕성의 인격적 법칙으로서의' 신이라는 것이다. 예로부터 오늘까지 인간을 억압하기 위해 종교의 어두운 면을 이용한 모든 반인간적 세력의 희생물, 노리개가 되는 것을 인간이 중지하게 하려면 이성의 빛으로 종교의 어두운 본질을 밝히는 일이 그의 가장 중요한 과제였다(『종교의 본질』). "무신론이 종교 자체의 비밀이며, 종교 자체는 피상적이 아닌 근본적으로 핵심에 있어서, 참된 본질에 있어서 인간 본질의 진리와 신성 이외에 다른 것을 믿지 않는다"라고 주장함으로써, 그는 무신론이 종교 자체의 비밀이라는 것을 드러내고자 하였다(『기독교의 본질』).

포이에르바하는 역사의 원동력을 정신적인 것이 아니라, 어느 시대이든 인간이 그들이 하고 싶은 대로 생각하고 행동하도록 결정하여 주는 물질적인 상태의 총합이라고 주장하였다. 인간의 물질적인 번민은 비물질적 이상의 세계에서 그들이 얻지 못하는 위안을 찾도록 만들고, 비록 무의식적이긴 하지만 그들이 현세에 살면서 불행을 극복하기 위해 새로운 것을 만들어 내려는 노력을 야기한다는 것이다. 이런 연후에 그들은 영원한 희열을 만끽하게 될 것이며, 그들이 현세에서 부족한 모든 것은 선험적 세계에서 선험적 속성으로 변하게 되고, 오직 그러한 것들만이 실재하는 것이라고 주장하고, 그것들만이 경배 대상으로 변하게 된다는 것이다. 그러나 포이에르바하는 선험주의를 증오하면서, 물질에 관계되는 부분을 표현할 때 "인간은 무엇을 먹는 존재"라는 점, 인간의 역사는 물질적 환경이 인간에 대해 결정적으로 영향을 미치는 역사라는 점을 주장한다. 특히 그는 모든 관념론이란 그것이 종교적이든 세속적이든 종종 현재의 불행에 대해서 이상적인 보상을 제공하려는 시도이며, 동시에 자신들의 존재를 폭로하여 애매모호하게 만드는 것이라는 그의 주장과 유물론은 마르크스와 엥겔스에게 상당한 영향을 끼쳤다. 이 점에서 우리는 마르크스의 말처럼 '불(Feuer)'이라는 개울 혹은 시냇물(Bach)'인 포이에르바하를 거쳐야 하는데, 포이에르바하와 마르크스의 관계에 대한 이해 없이는 마르크스를 이해할 수 없기 때문이다.

포이에르바하에 의해 현대 무신론 운동은 포괄적인 종교 비판으로 나아가게 되었다. 마르크스는 인간의 참된 본질을 해명하기 위한 포이에르바하의 노력을 전적으로 수용했다. 마르크스는 『헤겔 법철학 비판』에서 독일에서 종교 비판은 본질적으로 끝이 났다고 선언했다. 이때 그는 포이에르바하의 종교 비판을 염두에 두고 있었다. 종교는 인민의 아편이라 규정했을 때도, 그는 포이에르바하의 종교 비판에 의지하고 있었다. 그러나 마르크스는 포이에르바하의 종교 비판의 의도가 아닌 그 사상의 왜곡된 부분을 1) 포이에르바하는 변증법을 도외시했으며, 2) 종교의 주체로서의 인간에 대한 그의 무비판적이고 덜 구체적인 규정은 사회경제적 상황을 외면한 것이라고 지적하면서, 포이에르바하의 종교 비판을 비판적으로 수정하였다. 마르크스의 새로운 종교 비판은 그의 『헤겔 법철학 비판』의 서문에서 뚜렷하게 나타난다. 즉, 진리의 피안적 성격을 제거한 후에 이 세상의 진리를 확립하고 인간적 자기 소외의 거룩한 형태인 종교를 궁극적으로 극복하는 역사적 과제가 선언된다. 천상에 대한 비판은 지상에 대한 비판으로 변하고 종교 비판은 법에 대한 비판으로, 신학 비판은 정치 비판으로 변한다는 것이니, 종교는 '인민의 아편'이다. 그것은 (민중의) 의식을 흐리멍덩하게 하며 이 세상의 가혹한 현실에 대해 인간을 기만하고 위로한다는 것이다.

포이에르바하에게 종교는 인간적 소원의 투사였던 반면에, 마르크스는 종교를 '현실 세계의 반영'으로, 현실에 대한 이데올로기적 상부구조로 이해하였다. 마르크스는 포이에르바하에 대한 '테제 6'에서 포이에르바하에게 영향을 끼쳤던 관념주의적 인간상을 공격하였다. 마르크스는 인간을 '사회적 상황의 총합'에서 파악하여야 한다는 것이며, 인간이 비천한 노예, 버림받은 존재, 경멸받는 존재로 놓여 있는 모든 상황을 전복하라는 것이다. 포이에르바하와는 달리 마르크스에게 있어서 종교 비판은 그 자체가 목적이 아니라는 점 또한 고려해야 할 것이다.

1950년대 말에서 60년대를 마감하는 시기까지 활발하게 진행되었던 크리스챤-마르크스주의자 간의 대화(The Christian-Marxist Dialogue)에 참여하였던 체코의 가르답스키(Gardavsky)에 의하면, 마르크스의 종교 비판은 신을 향한 것이 아니라 오히려 사회경제적 관점에 입각한 이 종교 비판의 본래적 목적은 자기실현을 혁명적으로 이룩하려는 데 있었다.

여기서 우리는 포이에르바하에 대한 몇몇 비판이 제기되고 있다는 점 또한 고려할 필요가 있다. 1) 포이에르바하는 종교에 대한 무분별한 통일적 개념을 전제하고 있다. 2) 그는 (성서에서 고백된) 이스라엘의 하나님과 신들 사이를 구별하지 않는다. 3) 신들을 인간의 원망상들로 이해할 수 있는가를 물어야 한다(G. v. d. Leeuw의 비판). 4) "종교는 …에 지나지 않는다"라는 그의 단언적인 폭로 문제는 검토되어야 한다. 5) 그는 하나의 일방적인 인간상을 논하면서 현실적인 인간에 대해서는 실제로 아무 말도 하지 않았다(H. Gollwitzer의 비판). 6) 너무 간단하게 생각하려는 사고의 조급성이 드러난다. 예를 들면 그의 '투사이론' 혹은 '투사설'은 하나님 표상에 대해 궁극적으로 명쾌하고 분명하게 말하려고 한다. 그러나 그렇게 함으로써 투사설은 하나님 표상에서 하나의 우상을 만들어 낸다는 점이다(V. Verhoeven의 비판).

20세기의 탁월한 신학자 칼 바르트는 포이에르바하에 관한 논문에서 교회가 마르크스보다 더 앞서서, 하나님 인식이야말로 바로 모든 우상으로부터의 해방을 의미한다는 사실을 밝히고 확인했어야 했다고 주장한다. 사회주의의 무신론적 입장은 과거나 현재를 막론하고 교회에 대한 하나의 경고가 아닌지…, 이에 대해 교회는 위선자처럼 격분하기보다는 오히려 참회해야 할 것이라고 지적한다. 일반적으로 종교에 대해, 특수하게는 기독교의 본질을 파헤쳐 기독교에 대해 일대 비판을 가한 포이에르바하의 『기독교의 본질』이 가진 한계에도 불구하고, 우리는 바르트의 말대로 기독교와 교회에 대한 경고로 진지하게 받아들여야 할 것이며, 격분하기보다 참회하는 것이 급선무일 것이다. 이러한 바르트의 조언은 현재에도 타당하게 받아들여져야 하지 않겠는가! 분명한 점은 포이에르바하의 기독교와 종교에 대한 비판이 종교개혁 신학으로부터 중요한 자극을 받았다는 사실이다(O. Bayer, *Gegen Gott für den Menschen*).

아버지의 반대에도 불구하고 "신학은 나에게는 아름답지만 시든 꽃, 허물로 남은 껍질, 과도한 교육 단계, 내 존재가 사라진 형태를 규정하는 것"이며, "나는 정말 넓은 세상으로 가야 합니다. 철학자는 그저 이 넓은 세상을 자기 어깨에 지고" 간다고 하면서 아버지에게 자신을 다시 '종'으로, 즉 신학자가 되라고 강요하지 말 것을 부탁했던 그는 철학을 공부한 후 1829년 에얼랑엔에서 강사직을 시작하게 된다. 1830년『죽음과 불멸에 관한 사유』라는 첫 번째 저서를 익명으로 출판하자마자 그는 시련에 처하게 되는데, 특히 신학적으로 신랄한 풍자를 가한 것이 문제가 되었다고 한다. 그는 풍자의 글로 '가운 속의 위선'과 '강단의 열심당원'들에 대해 꾸짖었다. 그리고 그의 아버지가 "이 글들은 너를 결코 용서하지 못할 것이다. 너는 절대로 취직이 되지 않을 것이다"라고 예고했던 대로 교수직에 도전한 노력이 모두 수포가 되어 대학에서의 학자로서의 꿈을 포기하고, 결국 한적한 시골에 정착하게 된다. 교수라는 직책에서 가장 최고의 행복과 목적을 발견하였던 그는 극도의 낮아짐과 고독 그리고 어두움 속에서 시골에서 24년을 '행복한 고독'과 '홀로서기'를 하며… 쫓겨나 있었다. 베를린에서는 2년간 학생으로 그러고 나서 한 마을에서 시간강사로 24년간을 지내며 극단적 경제적 어려움을 겪다가 결국 뇌졸중으로 1872년에 서거하였다.

변혁의 21세기, 유럽으로 대표되는 제1 세계 국가들에서 그리스도교의 위기가 현실이 되어 버린 지는 이미 오래다. 1891년 클리블랜드에서 개최된 1차 국제학생자원운동 총회는 "이 세대가 가기 전에 온 세계를 복음으로 이끌자"는 구호를 내걸었으나, 20세기에 이르러 서구인들은 기독교의 승리를 목격하기는커녕 온 세계를 선도하던 신앙이 그 중심지로 여기던 서구에서 일어난 예측하지 못한 사태들로 인하여 흠씬 두들겨 맞고 능욕당하는 모습을 지켜봐야만 했다. 그 어느 때보다 변화의 물살이 거세어진 지금, 든든히 닻을 내린 채 2천 년을 버텨온 기독교는 이제 양적인 쇠퇴의 가속화 문제뿐만 아니라 질적인 교회의 사회적 공신력 하락의 문제로 버틸 힘을 상실한 지 오래되었다.

테리 이글턴은 우리로 하여금 기독교가 안고 있는 문제들을 직시하게 해준다. 그는 기독교가 현실에서 저지르는 각종 과오와 야만에 대해 가차 없는 공격을 가하는 리처드 도킨스와 크리스토퍼 히친스를 신랄하게 비판하지만, 이들에 대한 비판에 머물지 않는다. 이글턴은 다윈주의자 리처드 도킨스와 한때 좌파였던 크리스토퍼 히친스가 자본주의적 야만에 대해서는 침묵하면서 종교가 지닌 비판적, 성찰적 기능을 거세해 버린다고 비판한다. 특히 이글턴은 기독교의 출발이 인류의 삶을 보다 낫게 만들고 절망적 상황에서도 힘을 잃지 않고 뛰어난 정신적 능력으로 현실과 마주해 새로운 희망을 탄생시키려 한다는 점에 주목하며, 이런 힘을 저버리는 것은 곧 혁명의 포기로 간주한다. 이글턴에 의하면, 기독교란 "인류 역사 최초의 진정한 세계 대중 운동"이며 "앞으로 올 하나님 나라에서 정의와 우애, 자기실현의 조건을 찾는" 혁명인데, 이러한 측면이 오늘날 종교 자체와 종교에 대한 무지를 지닌 자들에 의해 변질되고 배신당했으며, "하나님과 관련해서 조잡한 논리"가 판을 치는 상황이 되었다고 개탄한다. 그는 기독교가 오래전에 가난하고 소외된 사람들의 편에서 부유하고 공격적인 사람들의 편으로 돌아섰다는 현실에 주목한다. 그러나 그는 이러한 현상이 기독교의 잘못이지 예수의 잘못이 아니라고 주장한다. 기독교의 본질은 "예수가 가까이한 하층민과 반식민주의 비밀 투사들에게 주어진 놀라운 약속"이지 "교외에서 안락하게 사는 부유층이 주축인 신앙"은 아니라고 주장한다. 그러나 이러한 자들의 신앙이 되어 버린 오늘날의 기독교는 "여자의 노출된 젖가슴에는 호들갑을 떨어도 부자와 가난한 자들 사이의 끔찍한 불평등에 대해서는 무덤덤"하며 "낙태에 대해서는 한탄하면서도 미국의 세계 지배를 위해 이라크나 아프가니스탄에서 아이들을 불태워 죽이는 일에 대해서는 동요하는 빛을 보이지 않는다"고 신랄한 비판을 가한다. 또한 그는 서구의 자유주의가 비서구에 저지른 야만에 대해서도 통렬하게 비판한다. 기독교의 본질은 바로 그런 서구의 죄를 보게 하는 힘이라는 것이다. 마르크스는 어린 딸에게 기독교의 모든 잘못에도 불구하고 기독교는 용서받을 수 있고 용서받아야 한다며, 그 이유는 예수가 지극히 작은 자들에게 행한 것 때문이라는 이야기를 들려주었다.

포이에르바하의 『기독교의 본질』에서 제기되어 들려오는 그의 기독교 비판이 지닌 한계에도 불구하고, 우리는 젊은 마르크스가 그를 현대의 '연옥 불'이라 언급했다는 사실을 기억해야 할 것이다. 이는 마르크스가 보기에 "포이에르(불)−바하(개울)를 통하지 않고는 진리와 자유"로 가는 길이 없기 때문이라는 것이니, 시대와 장소를 불문하고 진리와 자유로 가는 길을 추구하는 모든 이가 포이에르바하의 『기독교의 본질』을 탐독하기를 권한다.

원초가 어떻게 이 책을 1982년에 종로서적에서 번역 출판하게 되었는지는 제대로 들은 바가 없다. 절판된 이 책을 이번에 동연에서 증보판으로 다시 출판하자는 제안을 받고 원초가 사용했을 포이에르바하의 독일어 원서를 찾아보았으나 발견하지 못하였다. 필자는 1940년대 감리교신학교 시절 원초의 삼총사 중 한 분이자 지금은 고인이 된 독일의 이영빈 목사님의 며느리이신 베를린의 박소은 선생님에게 독일어 원서 구입을 부탁하였다. 때마침 학회 참석차 베를린을 방문한 감신대 최태관 교수 편에 이를 전달받아 2023년 10월에 개정증보판으로 출판하게 될 때 독일어 원서와 다시금 대조하며 교정 작업을 수행하게 되었다. 박소은 선생님과 최태관 교수님께 깊은 감사를 표한다. 또한 협성대 황현숙 명예교수는 개정증보판 교정 과정에서 큰 도움을 주었고, 황 교수와 강희수 박사는 원초 탄신 100주년과 서거 3주기 행사를 준비하는 데서 나 홀로 동분서주하고 있는 것을 매우 안타까워하며 밤낮을 가리지 않고 항상 의논의 상대가 되어 주었다. 이에 대한 고마운 마음은 물론이고 하늘에 계신 원초에게 닿을 수만 있다면 이들의 도움에 대해 원초에게도 꼭 전하며 하늘로부터 내리는 은혜를 부어주시길 기원한다.

원초(1923. 7. 14. ~ 2020. 10. 24.)의 탄신 100주년과 서거 3주기를

맞이하게 된 올해 2023년, 거창한 기념행사를 해드리지는 못하지만 절판되었던 번역서와 저서 두 권을 개정판으로 출판되게 되었으니 하늘에 계신 원초께서도 진정 기뻐하시리라! 도서출판 동연의 김영호 대표님과 실무를 담당해 준 분들께 깊은 감사를 드린다.

2023년 10.4 선언 기념일에

제자 道璟 김애영

초판 옮긴이의 글

　우리말로 번역된 『기독교의 본질』(*Das Wesen des Christentums*)은 루드비히 포이에르바하(Ludwig Feuerbach)의 대표적인 저서로 1841년에 출판된 것이다.

　역자는 포이에르바하의 철학사적 그리고 사상사적 위치에 관해서 상세히 설명할 생각은 없다. 그러나 그가 왜 사상사의 전환에 불가피한 매개로서 기독교의 가장 강렬한 비평가가 되어야 했는가 하는 물음을 제기해 보아야 할 것 같다.

　『기독교의 본질』은 그 당시 출판된 후 수년 동안에 제3판이 나올 정도로 명성이 있었다고 하지만, 저자의 서문에 의하면 매우 물의(物議)를 일으켰던 것으로 짐작된다. 특히 그는 이 비판을 통해서 마르크스(K. Marx)와 엥겔스(F. Engels)에게 큰 영향을 미쳤다. 그러나 그는 바로 이들로부터 신랄한 비판을 받기도 하였다. 마르크스에 의하면 포이에르바하는 감성적 인간을 발견했으나 사회적-경제적 상황에 놓여 있는 구체적인 인간을 철저하게 갈파하지 못했다는 것이다. 그뿐만 아니라 포이에르바하는 이 비판으로 인해서 그가 강의하던 강단에서 추방되었으며 당시의 역사적 사상에서 이탈된 생활을 했던 것으로 알려져 있다. 이러한 그의 생애는 그의 사상의 역사적 운명의 상징이었는지도 모른다.

서구에 있어서 대체로 철학을 하면서 누구라도 한 번쯤 어떤 형식으로든지 신학에 관심을 두지 않은 철학자는 없다. 그러나 포이에르바하만큼, 그 자신의 말과 같이 그의 저서는 엄밀히 말해서 하나의 목적, 의지, 테마를 가졌을 뿐인데, 바로 그 테마가 종교와 신학 그리고 이 양자와 관련된 것이라고 할 정도로 철저하게 신학에 몰입한 철학자는 드물다. 그러나 그가 종사한 신학은 반(反)신학적이었으니 불행한 사랑 같다고나 할까!

포이에르바하는 1804년 유명한 형법학 교수의 아들로 란트슈트(Landschut)에서 태어났다. 하이델베르크(Heidelberg)대학에서 신학 공부를 시작하였고, 그곳에서 헤겔(Hegel)과 친밀한 다우프(C. Daub) 등의 신학 교수를 통해 헤겔 철학도 알게 되었다. 그 후 헤겔에게서 논리학, 형이상학, 종교철학 등을 집요하게 전수받았고, 1828년에는 에를랑겐(Erlangen)대학에서 사강사(Privatdozent)가 되었다. 버려지고 추방된 사강사로 24년이 지난 후 이름 없는 마을에 살면서 오히려 "행복한 고독과 자주성"을 지킬 수 있었다고 볼린(Bolin)에게 술회한 바 있다. 포이에르바하는 1872년 사망하였다.

신에 관한 물음은 신학의 중심 과제이다. 서구 유신론 신학 전통의 초월적인 신 존재에 대한 증명으로 문제를 전개해 오던 신 존재

증명 문제는 사실상 칸트(I. Kant)에 이르러 그 존재 증명에 종지부를 찍은 셈이었다. 19세기 자유주의신학은 신의 타자성(他者性)을 형이상학적 사변이라고 하여 신학에서 탈락시켜 버렸다. 또한 역사의식의 팽창과 아울러 역사 내적 신관, 신의 역사성 혹은 내재성의 추세는 새로운 신학의 양상으로 대두되었다. 슐라이어마허(Schleiermacher)의 신 의식 개념, 헤겔의 역사적 현실로서의 절대정신 개념은 이러한 신 내재화 경향을 결정적으로 설정하게 된 것이다. 신학자들은 신에 대해 말한다면서 인간의 종교성 혹은 윤리성을 말하는 경향이 팽배하였다. 그러나 더 나아가서 철저하게 신을 인간으로 환원함으로써 신을 인간화시킨 사람이 포이에르바하이니, 이것은 곧 19세기 자유주의신학, 내재신론의 마땅한 귀결이었으며, 이 추세는 포이에르바하에게서 극점(極點)에 달하게 된 것이라고 바르트(K. Barth)는 말하고 있다. 그런데 바르트는 포이에르바하의 인간학적 관심과 열의, 솔직성, 감성적 인간 이해, 인간의 감성적 차원의 중요성을 적극적으로 평가한다. 한편 포이에르바하에게서 인간화된 신 문제는 결국 자유주의신학과 관념론적 사상의 추세에서부터 필연성으로 대두된 것이라고 본다. 포이에르바하의 사상은 이러한 맥락에서 평가되어야 할 것으로 안다.

그러나 과연 신의 타자성, 창조자, 구원자로서의 신은 존재하지 않는가? 우리는 현대의 이러한 무신론적 추세에 대해 어떤 답변을 할 것인가? 우리는 마땅히 답변해야 한다. 바르트는 포이에르바하에게서 제기된 신 문제에 대해서 새로운 답변을 그의『교회 교의학』에서 대대적으로 시도했다.

『기독교의 본질』의 역사적 영향은 현대의 사상 추세에 직접·간접으로 매우 큰 것이었지만 이 책에 대해서 그 당시 신학자들의 반응은 매우 다양하였다. 그러나 포이에르바하는 반신학적이기는 했으나 반종교적이었던 것은 아니다. 그는 오히려 새로운 종교를 주장하였다고 보는 것이 옳을 것이다.『기독교의 본질』은 휴머니즘 위에 서서 휴머니즘의 부정으로서의 기독교를 비판하였지만, 동양적 자연주의의 종교가 모두 비판되었던 것은 아니다. 포이에르바하에게 있어서 종교란 곧 인간의 차원이다. 이 때문에 그는 동양의 자연 종교에 관심을 가졌던 것이다. 그러나 그는 인간 및 자연과 구별되는바 성서에 있어서 고백되는 창조자와 구원자로서의 신에 대한 신앙을 간파했다. 포이에르바하를 통해서 우리는 19세기 관념론과 자유주의신학에 있어서의 신(神) 문제를 확연히 인지할 수 있게 되었다.

그러므로『기독교의 본질』이라는 이 저서는 기독교나 종교에 관심이 있는 사람이 읽을 필요가 있을 뿐만 아니라, 철학-인식론적으로도 역시 철학의 개혁에 대한 제언이라는 점에서 주목할 만하다고 생각한다. 포이에르바하에게서 영향을 받았다는 프로이트(S. Freud)의 종교 비판에 의하면 종교란 우리의 소원에 불과하며, 환상에 불과하다는 것이다. 포이에르바하와 같이 프로이트의 종교 이해 역시 현대적 정신과 현대인의 인간 이해의 추세에 그 뿌리를 박고 있는 것이다. 포이에르바하가 "신학의 비밀은 인간학이다"라는 명제로 외치고 나온 것은 그러한 현대의 사상 추세의 인간화 선언이라고 할 수 있을 것이다.

포이에르바하에게서 인간의 본질 가운데 가장 고귀한 것은 감정이며, 이것이 곧 신적인 것이라고 한다. 결국 18세기 계몽주의에서의 그러한 초자연적인 신이란 환상에 불과한 것이 된다. 그러므로 포이에르바하는 우리가 그러한 신학에서 인간학으로, 그러한 신에서부터 인간으로, 그러한 합리적인 초자연주의적 착각에서부터 현실의 세계로 되돌아와야 한다는 것을 밝힌 셈이다. 그리하여 포이에르바하에게서 인간을 참으로 살아 있는 피와 살의 인간으로서 생각하여야 한다는 것은 옳다. 종래의 기독교의 정신주의와 관념론의 추상성에 대한 새로운 답변으로 등장한 포이에르바하의 단어들, 즉 Kopf, Herz, Magen(머리, 마음, 위장)을 가진 생동하는 인간이 물음의 초점이 되어야 하며 또한 대답이 되어야 한다는 그의 선언은 주목할 만한 것이 아닌가 생각한다. 특히 포이에르바하가 먹고 마시는 것을 즐기는 위장(胃臟)을 가진 위선 없는 인간에서 인간화를 추구하는 과격한 발언들이 『기독교의 본질』의 전부인 것처럼 생각하는 독자들에 대해 그 자신이 경고하고 있지만, 종래의 기독교 혹은 종교에 대한 그의 반명제(反命題)에 직면해서 독자 여러분은 어떤 답변을 시도할 것인가?

이 책을 읽어가는 동안 우선 신학도나 신앙인은 종종 거부 반응이 일어나게 될 것이며, 그의 날카롭고 대담한 어휘 사용이나 문장의 뉘앙스에 직면하게 될 것이다. 그러나 역자는 오히려 진리를 추구해 보려는 그의 불굴의 정신적 자세를 볼 수 있는 것 같아 눈이 뜨거워짐을 느낀 곳조차 있었다. 신앙 대신에 사랑을 논하는 곳에서는 진실한 사랑의 황무지라는 현대의 벌판에 따뜻한 봄볕과 훈훈한 아름다움을 안겨 주는 그리스도의 사랑이 가슴에서 가슴으로 흐르는 인간애의 길을 열어 주는 듯한 표현들도 눈에 띈다. 이런 곳에서는 역자의 번역이 그의 필치를 손상하였을까 염려되기도 한다. 그러니 독자 여러분의 가슴으로 헤아려 보기 바란다.

이런 경귀(警句)가 있다. "당신은 내가 어떤 사람인가를 나에게 묻는다. 그러나 기다리라, 내가 이 세상을 떠날 때까지." 이제 이것을 저자 자신에게 적용하면 그의 철학적 유산에 관한 해석 문제의 제기로서 "포이에르바하가 어떤 사람인가?"를 독자 여러분은 이 책을 독파한 다음 알 수 있으리라 믿는다.

이 책 『기독교의 본질』의 구성은 저자 서문에서도 언급되어 있으나 서론에서 "신학의 비밀은 인간학이다"라는 근본 명제로부터 "인간의 본질"과 "종교의 본질" 그리고 이 양자의 관련에 관해서 일반론을 전개하고 있다. 그리고 본론에서 그것을 특히 기독교에 관해서 구체화하고 기독교의 다양한 교의를 검토하고 있다.

끝으로 140년 전 그 당시에 물의를 일으키며 외쳤던 포이에르바하의 목소리를 처음으로 우리말로 들을 수 있도록 번역을 의뢰해준 종로서적 출판국 담당자에게 감사를 표하는 바이다.

1982년 2월

박순경

제2판 저자 서문

이 책의 제1판이 출판된 이래 이 책에 대한 불합리하고도 불성실한 판단은 나에게는 조금도 불쾌한 감을 주지 않았다. 왜냐하면 나는 그 이외의 판단을 기대하지 않았으며 또 온당하게 합리적으로 말하면 그런 것과는 다른 어떤 판단도 기대할 수 없었기 때문이다. 나는 이 책을 통해서 신과 세상의 감정을 다치게 하였다. 나는 서문에서 이미 다음과 같은 것을 말하는 "독신적(瀆神的) 대담함"이 있었던 것이다.

"기독교도 역시 기독교의 고전 시대가 있었다. 그리고 다만 참된 것, 위대한 것, 고전적인 것만이 사유될 가치가 있으며, 참되지 않은 것, 왜소한 것, 비고전적인 것은 풍자극 혹은 익살극의 영역에 속하는 것이다. 그러므로 나는 기독교를 사유할 가치가 있는 객체(客體)로서 확립할 수 있도록 하기 위하여 근세의 무절제하고, 무성격적이고, 안이한 그리고 통속적이며 속된 에피쿠로스적 기독교를 제거하고 그리스도의 신부가 아직 순결한 처녀였던 시대로 되돌아가야 하였던 것이다. 당시 그리스도의 신부는 아직 하늘나라의 신랑의 가시관(冠) 속에 이교적인 비너스의 장미와 은매화나무를 엮어 넣지 않은 시대였다. 당시 그리스도의 신부는 지상적인 재물에는 궁핍하였으나 초자연적인 사랑의 비밀을 향유하는 데서는 지나치게 풍요로웠으며 또한 지나치게 행복하였다."

그러므로 나는 근대의 겉치레 기독교도들에 의해 얼버무려지고 거부된 참된 기독교를 과거의 암흑으로부터 밝음으로 이끌어 낸다는 독신적인 대담함을 가지고 있었다. 그러나 나는 그때 참된 기독교를 인간의 정신과 마음의 최상(Nonplusultra)으로서 주장하는, 칭찬할 만하고 이성적인 의도로서 그렇게 한 것은 아니었다. 아니, 나는 그와는 반대로 참된 기독교를 더 높고 더 일반적인 원리로 축소시키려는 "바보 같은" 짓이기도 하고 또 "간악한" 의도를 가지고 그렇게 한 것이었다. 그리고 나는 이 독신적인 대담함 때문에 당연하게도 무자비하게 근대의 기독교도들, 특히 신학자들에게 저주의 대상이 된 것이다. 나는 사변 철학이 가장 민감하게 반응하는 지점, 그들의 본래적인 명예에 관계되는 점(Point d'honneur)을 공격했다. 그 공격에서 나는 사변 철학이 사변 철학과 종교 사이에 설정한 외적인 일치를 무자비하게 부숴버렸기 때문이다. 즉, 나는 사변 철학이 종교와 조화시키기 위하여 종교로부터 진실하고도 본질적인 내용을 빼어버린 것을 증명하였다. 그러나 나는 또 동시에 우상의 원형이 인간이라는 것을 보여주고 본질적으로 살(肉)과 피(血)는 인격성에 속한다는 것을 보여줌으로써 소위 실증 철학을 극히 난처하게 만들었기 때문이다. 따라서 나의 특별한 저서 내용으로 인하여 보통의 전문 철학자들은 심하게 모욕을 당하게 되었다.

더 나아가서 나는 종교의 어두운 본질에 관해서 행한 극히 비정치적인 계몽으로 인하여 정치가들의 불쾌감조차도 초래하게 되었다. 그러나 유감스럽게도 그 계몽은 지적으로나 도덕적으로나 필요한 것이었다. 나는 종교를 인간을 예속시키고 억압하기 위해서는 가장 상책인 수단이라고 생각하는 정치가들의 비위를 거슬렀던 것이며 또 종교를 정치적인 면에서는 아무래도 상관없다고 생각하는 정치가들의 비위도 거슬렀던 것이다. 종교를 정치와는 아무 상관도 없는 것이라고 여기는 정치가들은 그렇기 때문에 산업이나 정치의 영역에서는 확실히 벗이기는 하지만, 종교의 영역에서는 빛과 자유의 적(敵)일 수도 있다. 결국 모든 사물을 적절하게 명명할 때 단호한 언어 사용 때문에 나는 현대의 예의에 대해 엄청나고도 용서받기 어려운 위반을 한 것이다.

　　"상류 사회"의 경향, 즉 인습적인 환상이나 비진리에 대해 무관심하며 무감동한 경향은 현대의 지배적이면서도 정상적인 경향이다. 말하자면 현대는 단지 자명하게 보이는 본래적으로 정치적인 관심들뿐만 아니라 종교적 및 학문적인 관심들 역시 그런 식으로 취급되고 말해지지 않으면 안 된다. 가상은 현대의 본질이다. 우리의 정치도 가상일 뿐이고 현대의 악 역시 그렇게 취급된다. 우리의 종교도 가상일 뿐이고 우리의 학문도 가상일 뿐이다. 지금은 진리를 말하는 사람이 "뻔뻔한" 교양이 없는 사람이고, "교양이 없는 사람"은 부도덕한 사람이 된다. 진리는 우리 시대에서는 부도덕한 것이다. 기독교를

위선적으로 부정하는 것—이것은 기독교의 긍정이라는 가상을 드러
내고 있다—은 도덕적이며, 물론 권위 있는 것이며, 명예로운 것이
된다. 그러나 기독교를 참된 의미에서 도덕적으로 부정하는 것, 다시
말하면 부정으로써 공언(公言)하는 부정은 부도덕하며 또한 신뢰를
잃는다. 기독교와 승부를 가리는 것은 도덕적이다. 기독교의 근본
신조를 실제로 폐기하고 다른 신조는 가상으로 존립시키는 기독교
에 대한 자의적 유희가 도덕이 된다.

　루터(Luther)가 이미 말한 것과 같이, 하나의 신조를 폐기하는
자는 적어도 원리적으로 모든 신조를 폐기하는 자이기 때문이다.[1]
그러나 내적 필연성에 의해서 기독교로부터 자유롭게 된다는 진지
한 태도는 부도덕한 것이다. 서투른 애매함은 도덕적이지만, 분명히
확인하고 확신하는 전체성은 부도덕한 것이 된다. 소홀한 모순은
도덕적이지만, 논리적으로 시종 일관된 엄격한 태도는 부도덕한
것이다. 왜냐하면 보통 사람은 아무것도 완결하지 못하고, 어디에서
도 문제의 핵심까지 파고들지 않기 때문에 도덕적이지만, 천재는
자기의 문제를 정돈하고 철저하게 규명하기 때문에 부도덕한 것이

---

1 루터는 이에 대해서도 역시 다음과 같이 표현하고 있다. 즉, "명백하고 순수하게 전부를
완벽하게 믿든가 혹은 아무것도 믿지 않는가 이 둘 중의 하나다. 성령은 한편은 진실이며,
다른 편은 허위라고 가르치거나 혹은 믿게 하였음에 틀림없다는 것은 분리되지도 않고,
분할되지도 않는다. … 종(鐘)의 한 곳이 깨지면 종은 이미 조금도 울리지 않는다. 그저
아무 소용도 없는 것이다. 얼마나 진실한 말인가! 현대의 신앙의 종소리는 음악적인 감관을
얼마나 모욕하는 것인가! 물론 그 종은 또 얼마나 망가져 있는 것인가!"

다. 간단히 말하면 도덕적인 것은 단지 허위뿐이다. 왜냐하면 허위는 진리의 해악(Übel)—지금은 이것과 동일한 것이지만— 혹은 해악의 진리를 회피하며 은닉하기 때문이다.

그러나 우리 시대에 있어서 진리는 단지 부도덕할 뿐만 아니라 또한 비과학적이기도 하다. 즉, 진리는 학문의 한계(Grenze)이다. 독일 라인강의 운행의 자유가 바다에까지 이르는 것과 같이 독일의 학문의 자유는 진리에 도달할 때까지이다.[2] 학문이 진리에 도달하여 진리가 되는 곳에서 학문은 학문이 되는 것을 중지하고 경찰의 대상이 된다. 즉, 경찰은 진리와 학문 사이의 경계인 것이다. 진리는 인간이며 추상적인 이성(理性)이 아니다. 진리는 삶이다. 종이 위에 쓰여 있는, 온전히 종이 위에서 상응하는 실존을 발견하는 사상이 아니다. 그러므로 펜(Feder)에서 직접 피(血)로 이행한다든가, 이성에서 인간에로 이행한다든가 하는 사상은 이미 아무런 학문적인 진리도 아니다. 학문이란 우리 시대에 있어서는 본질적으로 단지 나태한 이성의 무해하기는 하나 무용한 놀이 도구에 불과하다. 학문은 단지 생활이나 인간을 위해서는 아무래도 상관없는 사물을 취급하는 일에 지나지 않는다. 혹은 그렇지 않은 경우에도 학문은 물론 우리와는 무관한 것이 아닌 사물을 취급하기는 하지만 그럼에도 불구하고 보잘것없

---

2 1815년 비엔나 선언 속에 관련된 애매한 서식은 그것이 그 후에 독일과 네덜란드 사이의 분규를 반복하는 단서가 되었다.

는, 아무래도 상관없는 일이기 때문에 인간은 아무도 그것 때문에 마음을 쓰지는 않는다. 그래서 두뇌 속에서는 갈피를 못 잡고 마음에서는 활동이 없는 것이라고 하는 것, 즉 진리를 망각하고 신념이 없는 것이, 간단히 말하면 특성이 없기 때문에 순수하고 정상적이라 할 수 있는 학자에게 필요한 특성이다. 적어도 필연적으로 현대의 까다로운 문제와 접촉하고 있는 학문의 학자에게 있어서는 그러하다. 그러나 침범하기 어려운 진리에의 사랑과 결연한 성격을 가진 학자, 바로 그 때문에 단 한 번에 정곡을 찌르는 학자, 해악을 근절하며 위기나 결정적인 순간을 끊임없이 야기하는 학자, 그러한 학자는 이미 학자가 아니다 — 그럴 수 있는가! 그러한 학자는 일종의 헤로스트라토스(Herostrat: 기원전 356년에 자기 이름을 오래도록 남기기 위하여 아르테미스의 신전을 불태운 희랍 사람)인 것이다. 그러니 그를 단두대에 세우라. 그렇지 않으면 적어도 기둥에 매달아라! 단지 기둥에 매달기만 하면 된다. 왜냐하면 단두대 위에서의 죽음은 오늘날의 "기독교적 국법"에 따르면 비정치적이며 "비기독교적" 죽음이기 때문이다. 그러나 기둥에 매다는 죽음은 매우 정치적이며 기독교적인 죽음이다. 왜냐하면 기둥에 매다는 죽음은 음험하며 기만적인 죽음이기 때문이다. 즉, 그것은 죽음이기는 하지만 죽음으로 보이지 않는 죽음이기 때문이다. 그리고 어느 정도 까다로운 모든 문제에 관해서는 가상, 순수한 가상을 중히 여기는 것은 현대의 본질인 것이다.

그러므로 가상적이며 환상적인 장담을 잘하는 기독교의 시대가 기독교의 본질에 접할 때 그와 같이 걸림돌이 되었다는 것은 이상한 일이 아니다. 오히려 기독교는 매우 심하게 변모해서 쓸모없게 되었으므로 기독교의 공적으로 학식 있는 대표자들, 즉 신학자들조차 기독교가 무엇인가 하는 것을 거의 알지 못하며 혹은 적어도 알려고 조차 하지 않는 것이다. 사람들은 이 일에 대해 자기 자신의 눈으로 확신하기 위해서 단지 신학자들이, 예를 들면 신앙, 기적, 섭리, 세계의 무의미성에 대해 나에게 부여한 비난과 내가 나의 저서에서 언급하고 있는—특히 바로 이 때문에 인용문에 의해 현저하게 증대시킨 제2판— 증언을 비교하기만 하면 된다. 그러나 사람들은 신학자들의 이런 비난은 나에게 해당하는 것이 아니라 기독교 그 자체에 해당한다는 것을 인식하고 또한 나의 저서에 대한 신학자들의 "분개"는 단지 기독교의 참된 내용(그러나 이것은 신학자들이 생각하고 있는 내용과는 전혀 다르다)에 대한 분개에 지나지 않는다는 것을 인식할 것이다. 아니다! 현대는 프로테스탄트교와 가톨릭교 사이의 대립과 같은 낡은, 지금은 매우 적은 대립—최근에는 구두 수선공이나 재단사까지도 그와 같은 대립을 초월해 있는—이 분명히 권태로부터이긴 하지만 정열에 몰리어 또다시 불붙게 된 시대이며, 섞인 결혼에 관한 논쟁은 엄숙하며 특히 중대한 사건으로서 취급한다는 것을 수치로 여기지 않는 시대이다. 그런데 나의 저서는 역사적 문서를 근거로 하여 단지 섞인 결혼, 즉 신자와 불신자와의 결혼뿐만 아니라 일반 결혼도 참된 기독교에는 모순된다는 것을 증명하며, 참된 기독교도는 성령으로 생식—다른 생식은 모르며—하며 하늘나라의 백성이긴 하지만 지상의 백성이 아닌 우리 모두가 참된 기독교도가 되도록 마음을 쓰는 것은 "기독교적 정부", 기독교의 목사, 기독교 설교자의 의무는 아닌가? 그와 같은 시대에 있어서 그와 같은 저서가 사람들을 격앙시키는 시대착오(Anachronismus)라는 것은 이상한 일도 아니다.

그러나 바로 그것이 아무 이상할 것도 없는 일이기 때문에 나의 저서에 관한 그리고 나의 저서에 반대해서 생긴 소란도 역시 나를 조금도 놀라게 하지 않았다. 그와는 반대로 나는 오히려 아주 조용히 나의 저서를 다시 한번 가장 엄밀한 역사적-철학적 비판을 가하여 형식상의 결함을 될 수 있는 대로 많이 제거하고, 새로운 발전, 예증(Beleuchtung), 매우 적절하게 논박할 수 없는 역사적 증거를 더하여 풍부하게 하였다. 사람들은, 아마도 완전히 장님이 아니라면, 내가 하나하나 역사적인 증거를 들어가며 나의 분석의 사상 과정을 중단하고, 그것에 논증을 더해가는 지금 나의 저서가 기독교를 상상의 동양적인 상형 언어로부터 바르고 이해하기 쉬운 독일어로 충실하고 옳은 번역을 한 것이라는 것을 확신할 것이며 또한 만일 마음이 내키지 않는다고 하더라도 시인할 것이다. 더 나아가서 나의 저서는 기독교의 수수께끼를 의미에 충실하게 번역한 것, 비유하지 않고 표현하면 기독교의 수수께끼를 경험적-철학적 혹은 역사적-철학적 분석, 해결 이외의 다른 어떤 것이 되는 것도 원하지 않는다. 내가 서론에서 전제한 일반적인 명제는 선험적(a priori) 명제도 아니고 또 사변(思辯)의 산물도 아니다. 그 명제들은 종교의 분석으로부터 비로소 발생했던 것이다. 그리고 그 명제들은 또한 일반적으로 이 저서의 근본 사상과 마찬가지로 인간의 본질—실은 인간의 종교적 본질 및 의식—의 사실상 나타남이 사상으로 이식(移植)된 것, 즉 일반적인 표현에 의해서 파악되고, 그것에 의해 이해된 것이다. 나의 저서의 사상은 단지 전제로부터의 결론이자 귀결에 불과하다. 그리고 그 전제는 그 스스로가 재차 사상이 아니라 대상적인—혹은 살아 있는 혹은 역사적인— 사실이다. 즉, 그 전제는 책으로 묵직하게 실존하고 있으므로 나의 두뇌 속에서는 전혀 짐작할 수 없었던 사실이다. 나는 일반적으로 **절대적**이고 비물질적이고 자기 만족적인 사변, 즉 사변의 소재를 그 자체에서 끌어내는 사변을 무조건적으로 거부한다. 나는 좀 더 잘 사유할 수 있기 위하여 머리에서 자신의 눈을 빼내는 철학자들과는 거리가 멀다. 나는 사유하기 위하여 감각, 무엇보다도 눈을 사용한다. 즉, 나의 사상을 언제나 감각의 활동을 매개로 하여서만 나의 것으로 할 수 있는 재료에 기초를 둔다. 나는 사상으로부터 대상을 산출하는 것이 아니라 역으로 대상으로부터 사상을 산출하는 것이다. 그러나 대상은 오직 두뇌의 외부에 실재하는 것이다. 나는 다만 실천 철학의 영역에 있어서만 이상주의자이다. 즉, 나는 여기에서 현재나 과거의 제한을 인류나 미래의 제한으로 생각하지는 않는다. 나는 오히려 많은 일들—그렇다, 많은 일들이다 —이 근시안적이고 소심한 실제가들에 의해서 오늘날 상상의 비약,

결코 실현될 수 없는 이념(理念), 단순한 망상으로 간주되는 것이 내일, 즉 다음 세기—개인의 의미에서의 수 세기는 인류의 의미와 생활에 있어서는 며칠이다—에는 완전하게 실현될 것이라고 확고하게 믿는다. 간단히 말하면 이념이란 나에게 있어서는 단지 역사적 미래에 대한 믿음, 진리와 덕의 승리에 대한 믿음이며, 단지 정책적이며 도덕적 의의를 가지고 있을 뿐이다. 그러나 본래의 이론 철학의 영역에 있어서 나는 바로 반대의 것을 주장하는 헤겔(Hegel) 철학과는 정반대로 위에서 언급한 의미의 현실주의, 유물론만이 가치가 있다고 생각하는 편이다. 그러므로 지금까지의 사변 철학의 근본 문제, 즉 "자기의 것은 모두 스스로 가지고 있다"라는 격언을 유감스럽게도 나는 나 자신에게 적용할 수가 없다. 나는 많은 사물을 내외부에 가지고 있다. 나는 그것들을 주머니 혹은 머릿속에 넣어서 나와 함께 운반할 수 없다. 그러나, 그럼에도 불구하고 나는 그것들을 나의 것이라고 생각한다. 그것들은 여기서 아무 문제도 되지 않는 인간으로서의 나의 것이 아니라 철학자로서의 나의 것이다.

나는 단지 **정신적인 자연 과학자**일 뿐이다. 그러나 자연 과학자는 기구나 물질적 수단이 없으면 어떤 일도 이룰 수가 없다. 따라서 나는 그와 같은 정신적 자연 과학자로서 나의 책을 썼다. 결국 이 책은 새로운 철학의 원리 이외의 다른 것을 포함하지 않는다. 그리고 더욱 이 원리는 실천적으로 이미 검증된 것이다. 즉, 구체적으로 특수한 대상—그러나 이 특수한 대상은 일반적인 의의를 가지고 있는 대상이다—에 비추어, 다시 말하면 종교에 비추어 서술되고, 발전되고, 관철된 원리이다. 그리고 이 새로운 철학은 지금까지의 철학과는 본질적으로 구별된 철학이며, 인간의 참된, 현실적인, 전체적인 본질에 상응하는 철학이다. 그러나 물론 이 철학은 바로 그 때문에 비인간적, 비자연적, 즉 반인간적, 반자연적인 종교나 사변으로 부패하고 불구가 된 모든 인간과는 모순되는 철학이다. 다시 말하면 이 철학은 내가 이미 다른 곳에서 언급한 것과 같이 진리를 제시하는 데 유일한 기관은 "펜"이라고 생각하는 것이 아니라 눈과 귀, 손과 발을 가지고 있는 것이다. 이 철학은 펜이라고 하는 운하를 통하여 실제의 실존을 종이 위의 실존으로 축소시키기 위하여 사실의 사상(思想)을 사실 그 자체와 동일화하지 않고 오히려 그 둘을 분리한다. 그러나 이렇게 분리함으로 인해 그 자체에 도달하는 것이다. 이 철학은 추상적 이성의 대상과 같은 사물(das Ding)이 아니라 현실적-전체적인 인간의 대상이며, 따라서 그 자체가 전체적-현실적인 사물인 사물을 참된 사물로서 승인하는 것이다. 이 철학은 고립된 오성(悟性), 즉 누구의 것인지 알 수 없는 절대적으로 이름 없는 오성에서가 아니라 인간, 물론 사변 철학이나 기독교가 생각해 낸 인간이 아닌 인간의 오성에 기반을 두었기 때문에 또한 본질도 이름도 없는 언어가 아니라 인간적인 언어로 말하는 것이다. 물론 이 철학은 실체에 있어서나 언어에 있어서 둘 다 철학의 본질을 철학의 부정 속에서 인정한다. 즉, 이 철학은 피와 살이 된 철학, 인간이 된 철학만이 참된 철학이라고 확언하는 것이다. 그리고 그 때문에 이 철학은 철학의 가상 속에 철학의 본질을 인정하는 모든 서투른 두뇌들, 강단에서 이식된 두뇌들에게는 전혀 철학적으로 보이지 않는다는 사실에서 최고의 승리를 발견하는 것이다.

이 철학의 표본으로서 스피노자(Spinoza)의 실체, 칸트(Kant)나 피히테(Fichte)의 자아, 셸링(Schelling)의 절대적 동일성, 헤겔(Hegel)의 절대정신을, 즉 간단히 말하면 단지 사유된 혹은 상상된 추상적인 본질을 원리로 가지고 있는 것이 아니라, 현실적인 본질 혹은 오히려 무엇보다도 더 현실적인 본질, 가장 참된 실재적 존재, 즉 인간, 가장 적극적인 실재 원리를 그 원리로 가지고 있는 것이다. 또 이 철학은 사상을 사상의 반대물로부터, 즉 물질, 실재, 감각으로부터 산출하며 이것의 대상을 사유에 의해서 규정하기 전에 대상에 대해서는 처음에 감각을 통해서, 즉 수동적-수용적으로 관계하는 것이다. 그러므로 나의 저서는 이와 같은 철학의 견본이다. 따라서 나의 저서는 비록 다른 관점에서는 지금까지의 철학의 참된 성과가 살과 피로 된 것이라고 하더라도 사변 철학의 범주에는 들어갈 수 없는 산물이다. 그러므로 나의 저서는 오히려 사변 철학의 직접적인 반대물, 아니 사변 철학을 해명한 것이다. 사변 철학이 종교로 하여금 말하게 한 것은 사변 철학 자체가 생각한 것에 지나지 않으며 그리고 사변 철학이 그것을 종교보다는 훨씬 잘 표현했던 것이다. 사변 철학은 종교에 의해 규정되는 일 없이 종교를 규정한다. 사변 철학은 그 자체에서 벗어나지 못한다. 그러나 나는 종교로 하여금 종교 자체를 말하게 한다. 나는 단지 나 자신을 종교의 경청자 혹은 통역인으로 만들 뿐이고, 종교의 후견인으로 만드는 것이 아니다. 발명하는 것이 아니라 발견하는 것, "존재를 폭로하는 것"이 나의 유일한 목적이었으며, 올바르게 보는 것이 나의 유일한 노력이었다. 비록 종교 혹은 신학이 이것을 부인한다고 하더라도 인간을 숭배한 것은 내가 아니라 종교이다. "신은 인간이며, 인간은 신이다"라고 말하는 것은 나뿐만 아니라 종교 자체이다. 인간이 아니라 단지 합리적인 존재일 뿐인 신을 거부하고 부인하는 것은 내가 아니라 종교 자체이다. 왜냐하면 종교는 신을 인간이 되게 하고, 다음에 인간적으로 형성되어 인간적으로 느끼고, 인간적으로 사념하는 신을 종교의 열애와 존경의 대상으로 삼기 때문이다. 나는 단지 기독교의 비밀을 누설하였을 뿐이며, 나는 단지 신학의 모순이 가득한 망상을 제거하였을 뿐이다. 그러나 물론 나는 그렇게 함으로써 참된 의미의 신성모독을 범한 것이다. 그러므로 만일 나의 저서가 부정적이고 신앙심이 없는 무신론적인 것이라면 무신론은—적어도 이 저서의 의미에서의 무신론은— 종교 그 자체의 비밀이라는 것을 우리는 생각해 보아야 한다. 종교 그 자체는 실은 표면에서가 아니라 그 근저에서 그리고 또 본래 사념이나 상상에서가 아니라 심정이나 참된 본질에서 인간의 본질의 진리성과 신성과는 다른 어떤 것을 믿는 것이 아니라는 것을 생각해 보아야 한다. 그렇지 않으면 사람들은 나에게 나의 저서의 역사적

및 합리적 논증이 허위임을 증명해야 한다. 즉, 그것들을 반박해야
한다. 그러나 나는 사람들에게 바라건대 법률적인 가해 혹은 신학적
인 비가 혹은 진부한 사변적 산문 혹은 이루 말할 수 없는 가련함을
동원할 것이 아니라, 물론 나 자신이 지금까지 극히 철저하게 반박하
지 못하였던 그런 근거에 의해서 반박해 주기 바란다.

확실히 나의 저서는 부정적이며 파괴적이다. 그러나 주의하라!
나의 저서가 부정적이고 파괴적인 것은 오직 종교의 비인간적인
본질에 대한 관계에서뿐이며, 종교의 인간적인 본질에 대한 관계에
서 그런 것은 아니다. 그러므로 나의 저서는 두 부분으로 나누어진다.
그중 제1부는 대체로 긍정적이며, 부록을 포함한 제2부는 전부는
아닐지라도 대부분은 부정적이다. 그러나 양쪽 모두에서 동일한
것이 증명되어 있으며, 다만 방법이 다를 뿐이다. 혹은 방법이 반대일
뿐이다. 즉, 제1부는 종교를 종교의 본질, 종교의 진리로 드러내는
일이며, 제2부는 종교를 종교가 갖는 모순으로 드러내는 일이다.
제1부는 발전이며, 제2부는 논쟁이다. 그러므로 전자는 사례의 성질
상 잔잔하며, 후자는 생명적이다. 발전은 조용하게 전진하지만 투쟁
은 급속하게 전진한다. 왜냐하면 발전은 단계마다 자족하지만 투쟁
은 오직 최후의 목표에 도달해야만 만족하기 때문이다. 발전은 주저
하지만 투쟁은 과감하다. 발전은 빛을 필요로 하지만 투쟁은 불이다.
그러므로 두 부분은 이미 형식적인 관계에서 서로 다르다. 그와 같이
나는 제1부에서 신학의 참된 의미는 인간학이라는 것, 신의 본질의

술어와 인간의 본질의 술어 사이에는 아무 구별도 없다는 것, 따라서 신적인 주어 혹은 본질과 인간적인 주어 혹은 본질 사이에도 역시 아무 구별도 없다는 것, 양자는 동일하다는 것을 보여준다. 내가 여기에서 "따라서"라고 말한 것은 다음과 같은 이유에서이다. 즉, 신학적인 술어의 경우에는, 특히 술어가 주어의 우연적인 특성, 우연성이 아니라 주어의 본질을 표현하는 곳에서는 술어와 주어 사이에 아무 구별도 없으며, 술어를 주어의 위치에 놓을 수 있기 때문이다. 그러므로 아리스토텔레스(Aristoteles)의 분석론 혹은 포르피리우스(Porphyrius)의 서론만이라도 이런 관점에서 참조해 주기를 바란다. 제2부에서 나는 이와는 반대로, 신학적인 술어와 인간학적인 술어 사이에 만들어진 혹은 오히려 만들어져야 할 구별은 불합리하다는 것을 보여준다. 여기에 중요한 예가 존재한다. 제1부에서 나는 "종교에 있어서" 신의 아들은 실제의 아들이라는 것, 인간이 인간의 아들이라는 것과 똑같은 의미에서 신의 아들이라는 것을 증명한다. 그리고 나는 이 일에서 매우 인간적인 관계를 신적인 관계로 파악하고 긍정하는 종교의 **본질** 혹은 **진리**를 찾아내는 것이다. 제2부에서는 이와 반대로 신의 아들은 자연적-인간적 의미에서의 아들이 아니라 자연이나 이성에 모순되는 전적으로 다른 방법, 따라서 몰의미적이고 몰오성적 방법에서의 아들이라는 것을 증명한다. 참으로 종교 그 자체에 있어서 신의 아들은 확실히 자연적-인간적 의미에서의 아들이지만, 종교의 자체 반성에 있어서는 그렇지 않다. 그리고 나는 인간의 감관(感官)이나 오성을 그와 같이 부인하는 것 속에 종교의 비진리성과 부정적 측면을 발견하는 것이다. 따라서 제1부는 신학이 인간학이라는 "직접 증명"이며, 제2부는 "간접 증명"이다. 그러므로 제2부는 필연적으로 제1부로 환원된다. 제2부는 어떤 독립적 의의도 가지고 있지 않다. 제2부는 다만 제1부에서의 의미와 반대되는 의미의 종교는 무의미한 것이기 때문에 제1부에서 해석된 종교가 정당한 것이어야만 한다는 것을 증명하는 목적을 가질 뿐이다. 간단히 말하면 제1부에서는 주로 **종교**를 취급하고, 제2부에서는 **신학**을 취급한다. 제1부에서 내가 "주로" 종교를 취급한다고 말한 까닭은 제2부에서 종교를 배제하는 것이 불가능한 것과 같이 제1부에서 신학을 배제하는 것이 불가능하였기 때문이다. 또 내가 제2부에서 신학을 취급한다고 하더라도 사람들이 여기저기서 잘못 생각하고 있는 대로 단지 보통의 신학을 취급할 뿐만 아니라 얼핏 보고도 알 수 있는 것, **사변적인** 신학 혹은 철학도 취급하는 것이다. 나는 오히려 내가 잘 알고 있는 보통 신학의 하찮은 것은 될 수 있는 대로 사양하였다. 그리고 나는 도처에서 대상의 취급을 가장 본질적이고, 가장 엄밀하며, 가장 필연적인 규정에 한정하면서 사양했던 것이다. 예를 들면 제의 의식의 경우에 문제를 단지 두 개에 한정한 것이 바로 그것이다. 왜냐하면 가장 엄밀한 의미에 있어서는 단지 두 개의 제의 의식이 있을 뿐이기 때문이다.[3] 따라서 나는 어떤 대상에 관해서 사람들에게 일반적인 관심을 갖게 하는 규정에 한정하여 그 대상을 신학의 제한된 범주를 넘어서서 논하는 것이다. 그러나 내가 신학을 취급한다고 해서 신학자들을 취급하는 것은 아니다. 왜냐하면 나는 도처에서 무엇이 제일 원인인가를 확립할 수 있을 뿐이기 때문이다. 즉, 나는 복사를 하는 것이 아니라 **원본**(原本)을, 인물이 아니라 **원리**를, 개인이 아니라 유(Gattung)를, 추문록의 대상이 아니라 **역사의 대상**을 취급하는 것이다.

만일 나의 저서가 제2부만을 포함하고 있다면 사람들은 확실히 이 책에는 단지 부정적인 경향이 있을 뿐이라는 비난을 해도 전적으로 정당할 것이다. 즉, "종교는 무(無)이며 무의미하다"라는 명제가 이 책의 본질적인 내용이라고 특정 짓는다 해도 전적으로 정당할 것이다. 그러나 나는 결코 "신은 무이며, 삼위일체는 무이며, 신의 말씀은 무이다"라는 등등의 말을 하는 것이 아니다. 그렇게 말할 수 있다면 나는 얼마나 수월하게 문제를 처리할 수 있을 것인가! 나는 단지 신이나 삼위일체나 신의 말씀은 신학의 환상이 만들어 낸 것이 아니라는 것, 그것들은 외래(外來)의 비밀이 아니라 토착의 비밀, 인간성의 비밀이라는 것을 보여 줄 뿐이다. 나는 종교가 자연이나 인류의 외관적이며 피상적인 본질을 자연이나 인류의 참된 내적 본질이라고 생각하고, 자연이나 인류의 비의적(秘義的) 본질을 특수한 다른 존재자로 생각한다는 것을 보여준다. 따라서 나는 종교가

---

3 『루터 전집』, 제17부 (라이프치히, 1729), 558.

신에 대해, 예를 들면 신의 말씀에 대해 부여하고 있는 규정(적어도 위에서 언급한 의미에 있어서는 결코 부정적이 아닌 규정)에 있어서는 단지 인간의 말의 참된 본질을 정의 혹은 대상화한 것에 지나지 않는다는 것을 보여 준다. 나의 저서에 의하면 종교가 무의미, 무, 순수한 환상이라는 비난은 단지 다음과 같은 경우에만 근거 있는 것이 될 것이다. 즉, 나의 저서에 의하면 내가 종교를 환원하는 곳, 내가 종교의 참된 대상이나 내용이라고 증명하는 것, 인간 혹은 인간학도 역시 무의미, 무, 순수한 환상이라고 하는 경우이다. 그러나 내가 인간학에 허무적인 혹은 종속적인 의의만을 부여한다고 생각한다면 그것은 잘못된 것이다. 인간학에 허무적인 혹은 종속적인 의의가 돌려진다는 것은 바로 단지 인간학의 위에 그리고 인간학에 대립해서 신학이 설정될 때만 그러한 것이다. 나는 신학을 인간학으로 끌어내림으로써 오히려 인간학을 신학으로 고양시키는 것이다. 그리고 그것은 마치 기독교가 신을 인간으로 격하시키는 것에 의해 인간을 신으로 만든 것과 같은 것이다 ─ 물론 또다시 인간으로부터 격리된 초월적이며 환상적인 신이긴 하지만. 그러므로 나는 **인간학**이라는 말을 헤겔 철학 혹은 대체로 지금까지의 철학이 생각한 의미로 사용하는 것이 아니라 무한히 높은 그리고 일반적인 의미로 사용한다는 것은 자명한 일이다.

종교는 인간 정신의 꿈이다. 그러나 우리는 꿈속에서도 무(無) 속에 혹은 하늘나라에 있는 것이 아니라 지상에 현실성의 나라에 있는 것이다. 다만 우리는 꿈속에서 실제의 사물을 현실성과 필연성의 빛 속에서 보는 것이 아니라 상상과 자의(恣意)의 매혹적인 가상(Schein) 속에서 볼 뿐이다. 그러므로 내가 종교 및 사변 철학 혹은 신학에 대해서 눈을 뜨게 하는 것 혹은 오히려 내부로 향하고 있는 종교의 눈을 외부로 향하게 하는 것, 다시 말하면 표상 혹은 상상의 대상을 현실성에 있는 대상으로 변하게 하는 것이 내가 하는 일의 전부이다.

그러나 물론 사상(事象)보다는 심상(心象)을 선택하고, 원본보다는 복사물을 선택하고, 현실성보다는 표상을 선택하고, 본질보다는 가상을 선택하는 현대에 있어서 이런 변환은 환멸이기 때문에 그것은 또한 절대적인 파멸이고 혹은 적어도 믿음이 없는 무모한 독신(瀆神)인 것이다. 왜냐하면 현대에 있어서 신성한 것은 오직 환상뿐이며, 진리는 비속한 것이기 때문이다. 아니, 현대인의 눈 속에서는 진리가 감소하고 환상이 증대함에 따라 신성함은 상승한다. 그래서 현대에 있어서 최고도의 환상은 또한 최고도의 신성함이기도 한 것이다. 종교는 소멸해 버렸고 프로테스탄트들 사이에서조차 종교 대신에 종교의 외관인 교회가 나타나서 적어도 무지하며 판단력이 없는 대중에게 신앙을 갖게 하려 하는 것이다. 기독교적 신앙은 아직 존립하고 있다. 왜냐하면 오늘날 아직도 천 년 전과 똑같이 기독교 교회가 존립하고 있으며, 오늘날 여전히 신앙의 외면적 징표가 성행하기 때문이다. 더 이상 실제로는 믿어지고 있지 않은 것도 아직 겉보기에는 존중되게 마련인 것이다. 이미 그 자체 내에서 참되게 신성하지 않은 것은 더욱 적어도 신성하게 보이는 것이다. (현대의 신앙은 나와 또 다른 사람들에 의해서 충분히 증명된 바와 같이 단지 겉치레인 신앙, 자기가 믿고 있다고 상상하는 것을 믿지 않는 신앙, 결단하지 못하는 소심한 불신앙에 지나지 않는다.) 그러므로 특히 제의 의식에 관한 나의 분석에 대해 외관과 환상의 시대인 현대가 외관상 종교적으로 분노하는 것 같다. 그러나 사람들은 시대의 호의가 아니라 진리를, 있는 그대로의 진리를 적나라한 진리만을 목표로 하는 한 저술가에게서 그가 공허한 가상을 존경한다든가 혹은 그것을 가장하도록 바라서는 안 된다. 이 가상의 대상이 그 자체 종교의 극점(極點), 즉 종교적인 것이 비종교적인 것으로 급변하는 경우는 더욱 그러한 것이다. 나는 제의 의식에 관한 나의 분석을 변명하기 위해서가 아니라 정당화하기 위해 이것을 언급하는 것이다.

그 위에 특히 결론에서 서술한 제의 의식에 관한 분석의 본래적인 의미에 관하여 나는 단지 나의 저서의 본질적인 내용, 본래의 주제를 나의 저서의 실천적인 의의에 대한 관계에 있어서 감성적인 한 예를 들어 분명하게 한다는 것만을 주의해 두겠다. 그리고 또 나는 여기서 나의 분석이나 사상의 진실성의 증인으로 감관(感官)을 불러내어 내 저서 전체를 통해서 오성을 향해 강의한 것을 눈을 향해, 아니 촉각이나 미각을 향해 논증한다는 것만을 주의해 두겠다. 즉, 세례의 물 및 성찬의 포도주나 빵은 자연적인 힘이나 의의로 해석될 때에 초자연적이고 환상적인 의미로 해석할 때보다도 활동력이 무한히 많은 것이다. 바로 이와 같이 일반적으로 종교의 대상은 나의 저서의 의미에 있어서, 인간학적인 의미에 있어서 파악될 때 신학적인 의미로 해석될 때보다도 이론이나 실천의 대상으로서 무한히 더 효과적이고 질적인 대상인 것이다. 왜냐하면 물이나 포도주나 빵 속에서 이들 자연적 물질과 구별되는 것으로 전해지는 혹은 오히려 전해져야 하는 것은 단지 표상이나 상상에 있어서는 어떤 것(etwas)일 뿐이고, 진리나 현실성에 있어서는 아무것도(nichts) 아니다. 그와 같이 종교의 대상 일반도 역시, 즉 자연이나 인류와 구별된 신적 본질도, 다시 말하면 신적 본질의 규정인 오성이나 사랑이 자연이나 인간의 본질을 형성하고 있는 것과 같은 오성이나 사랑과는 다른 무언가이고, 또 다른 무엇인가를 나타내게 될 때 이들 규정 역시 표상이나 상상에 있어서는 어떤 것일 뿐이며, 진리나 현실성에 있어서는 아무것도 아닌 것이다. 그러므로 우리는 우화의 교훈에 따라서 신학이나 사변 철학이 하는 것과 같이 현실성의 규정이나 힘을—일반적으로 현실적인 존재나 사물을— 이것들로부터 구별된 초월적이고 절대적인, 즉 추상적인 존재의 자의적인 기호나 매개물이나 상징이나 술어로 만들어서는 안 된다는 것이다. 그러나 우리는 그것들을 그것들이 독립해서 가지고 있는 의미에 있어서, 그것들의 성질과 동일한 의미에 있어서, 그것들로 하여금 그것들 자체가 되도록 하는 규정성과 동일한 의의에 있어서 받아들이고 파악해야 하는 것이다. 그와 같이 하여 비로소 우리는 현실적인 이론과 실천에 도달하기 위한 열쇠를 획득할 수 있을 뿐이다. 사실 나는 효력이 없는 세례의 물 대신에 실재의 물의 선행을 존중한다. 그것이 얼마나 "물다운가!" 그것이 얼마나 평범한 것인가! 그렇다, 매우 평범한 일이다. 그러나 루터는 자신의 자연적인 인간적 감각에 기초하여 독신 생활의 겉보기만의 신성한 환상에 결혼 생활을 대립시켰지만, 그 결혼 생활도 역시 당시는 매우 평범한 진리였던 것이다. 그러므로 물은 나에게 있어서는 확실히 실물로 보이지만, 그럼에도 불구하고 동시에 또한 나의 저서의 "신성하지 않은" 정신의 매개물, 비유, 예시, 상징에 지나지 않는 것이다. 그와 같이 나의 분석의 대상인 세례의 물도 역시 본래의 물인 동시에 비유적인 혹은 상징적인 물이다. 포도주와 빵의 경우도 마찬가지이다. 악의 있는 사람은 여기에서 목욕, 먹는 일, 마시는 일이 나의 저서의 총계며, 적극적인 성과일 거라고 우스꽝스러운 결론을 끌어내었다. 나는 이에 대해서 다음과 같은 대답밖에 할 말이 없다. 만일 종교의 전 내용이 제의 의식 안에 포함되어 있고, 따라서 또한 세례나 성찬 때에 수행되는 동작 혹은 행위 이외에는 종교적 동작 혹은 행위가 없다면 그때에는 확실히 나의 저서의 전 내용과 적극적인 성과란 목욕, 먹는 일, 마시는 일이다. 왜냐하면 나의 저서는 사실에 충실하며 대상에 가장 엄밀하게 적합한 종교의 역사적-철학적 분석 이외의 다른 것이 아니기 때문이다. 즉, "종교의 자기 환멸, 종교의 자체 의식"이기 때문이다.

역사적-철학적 분석은 기독교의 단순한 역사적인 분석과는 다르다. 예를 들면 다우머(Daumer) 같은 역사가는 성찬이 옛날, 사물을 제물로 하는 제의에서 유래한 의식이며, 예전에는 포도주와 빵 대신에 실제의 인육과 피가 쓰였다는 것을 말해 주고 있다. 이것과 반대로 나는 단지 성찬의 기독교적인 의의, 기독교에서 허가된 의의를 나의 분석이나 환원의 객체로 삼은 것에 지나지 않는다. 그리고 나는 어떤 교의 혹은 제도가 기독교에 있어서(물론 오늘의 기독교에 있어서가 아니라 옛날에 참된 기독교에 있어서), 이것이 다른 종교에서 나타나 있는지 아닌지에는 관계없이, 가지고 있는 것과 같은 의미는 그 교의 혹은 제도가 **기독교적인 것인 한** 또한 그 교의 혹은 제도의 **참된 기원**이기도 하다는 근본 명제를 따르는 것이다. 혹은 역사가는 예를 들면 뤼첼베르거(Lützelberger)와 같이 그리스도의 기적에 관한 이야기는 순전히 모순과 불합리로 해소된다는 것, 그 이야기는 후대에 만들어진 이야기라는 것, 그리스도는 결코 기적을 행하는 사람이 아니라는 것, 일반적으로 성서가 만들어 낸 사람은 아니었다는 것을 나타내고 있다. 나는 이와는 반대로 현실적이고 자연적인 그리스도는 만들어진 혹은 생성된 초자연주의적인 그리스도와 구별되는 무엇인가 혹은 무엇일 수 있는가를 묻지는 않는다. 오히려 나는 이 종교적인 그리스도를 가정한다. 그러나 나는 이 초인간적 존재자는 초자연적인 인간적 심정의 산물이나 목적물 이외에 아무것도 아니라는 것을 보여준다. 나는 이런 혹은 저런 기적이 일어날 수 있는가 없는가,

일반적으로 기적이란 생길 수 있는 것인가 아닌가를 묻지는 않는다. 나는 단지 기적이란 어떤 것인가를 보여 줄 뿐이다. 그리고 나는 그것을 선험적(a priori)으로 보여주는 것이 아니라 성서 안에서 실제의 사건으로서 말하여진 기적의 실례를 토대로 하여 드러내 보이는 것이다. 그러나 나는 이것에 의해서, 기적의 가능성 혹은 현실성 혹은 필연성에 관한 문제에 대해서도 그 자체가 이들 모든 문제의 가능성을 폐기하는 방법으로 대답하는 것이다. 반기독교적 역사가들과 나와의 차이점에 대해서는 이것만을 말해둔다.

그러나 나는 언제나 슈트라우스(D. Fr. Strauß)와 브루노 바우어(Bruno Bauer)와 함께 일컬어지기는 하지만, 그들에 대한 나의 관계에 관해서 나는 여기에서 오직 제목을 보기만 하여도 알 수 있는 대상의 구별 속에 이미 우리의 저작의 구별이 암시되어 있다는 것만을 지적해 둘 뿐이다. 바우어는 그의 비판 대상으로서 복음서의 역사, 즉 성서적 기독교 혹은 오히려 성서적 신학을 가지고 있다. 슈트라우스는 기독교적 신앙론과 예수의 생애(그러나 우리는 이것도 역시 기독교적 신앙론의 제목 안에 포함할 수 있다)를, 따라서 교의적 기독교 혹은 오히려 교의적 신학을 비판의 대상으로 가지고 있다. 나는 기독교 일반, 즉 기독교적 종교를 비판의 대상으로 가지며, 결국 단지 기독교적 철학 혹은 신학을 비판의 대상으로 가지고 있을 뿐이다. 그러므로 나는 주로 기독교를 단지 이론적 혹은 교의학적 객체로서뿐만 아니라, 즉 다만 신학으로서뿐만 아니라 종교로서 취급한 사람을 인용하는 것이다. 나의 주요한 대상은 인간의 직접적 객체, 직접적 본질인 "기독교"이고, "종교"이다. 학식과 철학은 나에게 있어서는 단지 인간 안에 숨겨져 있는 보물을 끌어내기 위한 수단에 불과한 것이다.

　나는 또한 나의 저서가 전혀 나의 의도나 기대와는 반대로 일반 대중에게 읽히었다는 것을 상기하지 않으면 안 된다. 나는 언제나 학자나 특별한 전문 철학자가 아니라 일반 사람들을 나의 참된 교육의 방법이나 저작법의 척도로서 택하였던 것은 사실이다. 나는 이런 혹은 저런 체계를 설립하는 철학자가 아니라 일반적인 인간을 진리의 척도로 관찰하였고, 처음부터 철학자의 최고의 숙련(Virtuosität)은 철학자의 자기 부정에 의해 이루어진다고 생각한다. 즉, 나는 숙련된 철학자는 인간으로서도, 저작자로서도 자기가 철학자라는 것을 과시해서는 안 되며, 다시 말하면 단지 본질에서 보는 것만으로는 철학자이지만 형식에서 볼 때 철학자가 될 필요는 없으며, 조용한 철학자가 되는 것은 좋지만 소리를 높이거나 혹은 소란스러운 철학자가 되는 것은 좋지 않다고 생각한다. 그러므로 나는 이 저서의 경우도 모든 나의 저서의 경우와 마찬가지로 대상이 허용되는 한 최고의 명석성, 단순성, 규정성을 나 자신의 법칙으로 만들었다. 그러므로 이 책은 원래 교양이 있고 사유하는 사람은 누구나 요점을 파악할 수 있을 것이다. 그러나 그럼에도 불구하고 나의 저서는 학자 ─자명한 일이기는 하지만, 단지 진리를 사랑하고 판단력이 있는 학자, 유학(有學) 무학의 천한 사람의 심성이나 선입견을 초월한 학자─에 의해서 인정되고 완전히 이해될 수 있을 뿐이다. 왜냐하면 나의 저서는 아무리 철저하게 독립적인 산물이라고 하더라도 그럼에도 불구하고 동시에 역사의 필연적인 귀결이기 때문이다.

나는 매우 빈번하게 이런 혹은 저런 역사적 현상을 염두에 두고 논하고 그 현상을 명백하게 지명하는 일조차도 하지 않았다. 왜냐하면 나는 그런 것이 불필요한 것으로 생각했기 때문이다. 그리고 그런 현상과의 관계는 단지 학자에 의해서만 이해될 수 있을 뿐이다. 그래서 예를 들면 나는 감정의 입장의 필연적 귀결을 전개하는 제1장에서는 야코비(Jacobi)와 슐라이에르마허(Schleiermacher)라는 철학자들을 언급하고, 제2장에서는 주로 칸트주의, 회의론, 자연신론, 유물론, 범신론을 언급한다. 그리고 또 나는 종교적 혹은 신학적 자연관과 물리학적 혹은 자연철학적 자연관 사이의 모순을 증명한 "종교의 입장"의 장에서는 정통파에서의 철학 그리고 특히 데카르트(Descartes)나 라이프니츠(Leibniz)의 철학(이들 철학에 있어서 이 모순은 특별히 특징적인 방법으로 나타나 있다)을 염두에 두는 것이다. 그러므로 나의 저서의 역사적 전제와 매개의 단계를 모르는 독자에게는 나의 논증이나 사상의 연결점이 없어지는 것이다. 나의 주장이 그런 사람에게 종종 순수하게 허구인 것 같이 보인다 해도 이상할 것은 없다. 그러나 그럼에도 불구하고 나의 주장은 여전히 매우 확고한 토대 위에 서 있는 것이다. 내 저서의 대상은 보편적인 인간적 흥미에 대한 것이다. 더욱이 나의 저서의 근본 사상은 언젠가는 확실히 인류의 재산이

될 것이다. (그러나 그것도 확실히 그들 근본 사상이 여기서 언표되고 혹은 현재의 세태에서 언표될 수 있었던 것과 같은 방법으로는 아니다.) 왜냐하면 현재에 있어서 나의 근본 사상에 대립해 있는 것은 단지 공허하고, 무력한 인간의 본질에 모순되는 환상이나 선입견에 지나지 않기 때문이다. 그러나 나는 나의 대상을 무엇보다도 과학적인 사건(철학의 객체로서)으로서만 취급하였고, 그것을 다른 방법으로는 취급할 수는 없었다. 그리고 나는 종교나 신학이나 사변 철학의 착오를 정정하면서 당연히 종교, 신학, 사변 철학이 쓰고 있는 표현을 사용해야만 했던 것이다. 그리고 나 자신도 사변하는 것 같이 보일 것임이 틀림없고 혹은 이것과 같은 것이지만 신학화하는 것 같이 보일 것임이 틀림없다. 그러나 나는 그럼에도 불구하고 바로 사변 철학을 분석할 뿐이다. 즉, 신학을 인간학에로 환원하는 것이다. 이 책은 내가 위에서 말한 바와 같이 새로운 철학에 적합한―학문적으로서가 아니라 인간적으로― 원리를 구체적으로 포함하고 있으며 또한 적용시킨 것이다. 그렇다. 나의 저서는 이 원리를 단지 원리를 산출하는 그리고 바로 종교의 핵심으로부터 산출한다는 것에 의해서 포함하고 있을 뿐이다. 그러므로 새로운 철학은 미리 말해 둔 것 같이 이미 옛날의 가톨릭적 스토아 철학이나 현대의 프로테스탄트적 스토아 철학과는 달라서, 그것의 종교와의 일치를 그것이 기독교의 교의학과 일치하고 있다는 것에 의하여 증명한다는 것과 같은 유혹에 빠질 수는 없으며 또 빠지지도 않을 것이다. 새로운 철학은 오히려 종교의 본질 안에서 산출되는 것으로서 종교의 본질을 그 자체 안에 가지고 있으며, 그 자체에 철학으로서의 성질과 종교로서의 성질을 지니는 것이다. 그러나 바로 기원을 논하고, 따라서 설명적이고 논증적인 저서는 형식상 이와 같은 성질을 가지고 있기 때문에 이미 일반 독자를 위해서는 부적당한 저서이다.

마지막으로 나는 이 저서의 겉보기에 증명 불충분한 주장을 고려하여 보충으로서 나의 이전 저서, 특히 『P. Bayle. 철학사와 인류사에의 한 기여』(*P. Bayle. Ein Beitrag zur Geschichte der Philosophie und Menschheit*)와 『철학과 기독교』(*Philosophie und Christentum*)를 독자들이 참조해 주기를 바란다. 그곳에서 나는 불충분하기는 하지만 예리한 필치로 기독교의 역사적 해결을 묘사하였고, 기독교는 단지 인류의 이성(理性)으로부터 사라졌을 뿐만 아니라 인류의 삶으로부터도 역시 사라졌다는 것을 제시하였다. 또한 나는 기독교가 이미 화재-생명 보험 제도, 철도, 기관차, 미술관, 사관학교, 공업학교, 극장, 박물 표본실에 가장 예리하게 모순되는 하나의 고정관념 이외의 다른 것이 아니라는 것을 제시하였다.

1843년 2월 14일, 브루크베르크
루드비히 포이에르바하

차례

1장

일반적 인간의 본질

종교는 인간과 동물 사이의 본질적인 차이점에 근거를 두고 있다. 옛날의 무비판적 동물학자들은 확실히 코끼리가 다른 훌륭한 성질과 함께 종교심이라는 덕을 지니고 있다고 생각하였던 것이 사실이다. 그러나 코끼리의 종교는 단지 우화의 영역에 속할 뿐이다. 가장 위대한 동물학자 중의 한 사람인 퀴비에(Cuvier, 1769~1832)는 자신의 관찰을 근거로 코끼리가 개보다 조금도 정신적 단계가 높지 않다고 보았다.

그러나 무엇이 인간을 동물로부터 본질적으로 구별하는가? 이 물음에 대한 가장 일반적이고, 가장 단순하고, 가장 통속적인 해답은 "그것은 의식(意識)이다"라는 명제이다. 그러나 여기서 말하는 의식은 엄밀한 의미에서의 의식이다. 왜냐하면 개인으로서 자기감정이라든가, 감성적 식별력이라든가, 지각(知覺)이라든가 하는 의미에서의 의식 그리고 외적 사물을 일정하게 현저한 징표에 따라서 판단한 다든가 하는 의미에서의 의식은 동물에서도 나타나기 때문이다. 가장 엄밀한 의미에서의 의식은 자기의 유(類)나 자기의 본질이 사고 의 대상이 되는 존재에게만 있을 뿐이다. 동물은 분명히 개체로서는 자기에게 대상이 된다. 그러므로 동물도 자기감정을 가지고 있다. 그러나 동물은 유로서는 대상이 되지 않는다. 그 때문에 동물에게는 자기 이름을 지식에서 유도해내는 의식이 결여되어 있다. 의식이 있는 곳, 그곳에 학문을 위한 능력이 존재한다. 학문(die Wissenschaft) 은 유의 의식이다. 우리는 실제 생활에 있어서는 개체와 교섭하고, 학문에 있어서는 유와 교섭한다. 그러나 오로지 자기 자신의 유나 자기의 본질을 사고의 대상으로 하는 존재만이 다른 사물 혹은 존재 를 그들의 본질적인 본성에 따라서 사고의 대상으로 삼을 수가 있다.

동물은 단지 단순한 생활을 하지만, 인간은 이중의 생활을 한다. 즉, 동물에 있어서는 내적 생활과 외적 생활이 합일되어 있지만, 인간은 내적 생활과 외적 생활 둘을 가지고 있다. 인간의 내적 생활은 자기의 유나 자기의 본질과 관계를 갖는 생활이다. 인간은 사유한다. 즉, 인간은 대화한다. 인간은 자기 자신과 대화하는 것이다. 동물은 자기 외부의 다른 개체가 없으면 유의 기능을 수행할 수 없다. 그러나 인간은 타인이 없어도 사유 및 대화와 같은 유적 기능을 수행할 수 있다. 인간은 자기 자신인 동시에 나와 너(Ich und Du)가 될 수 있다. 인간은 자기 자신을 타인의 자리에 놓을 수 있다. 그것은 바로 인간에게 있어서는 단지 개체가 사유의 대상일 뿐 아니라 자기의 유나 본질 역시 사유의 대상이기 때문이다.

동물과 구별되는 인간의 본질은 다만 종교의 근거(Grund)일 뿐만 아니라 또한 종교의 대상이기도 하다. 그러나 일반적으로 말하면 종교는 무한한 것(das Unendliche)에 대한 의식이다. 따라서 종교는 인간이 자기의 본질—실은 유한하고 제한된 본질이 아니라 무한한 본질—에 대해 가지고 있는 의식일 뿐 그 이외의 다른 것일 수 없다. 실제로 유한한 존재는 무한한 것에 대하여 극히 미미한 예감 (Ahnung)조차도 가질 수 없다. 하물며 그와 같은 의식을 가질 수 없다는 것은 말할 나위도 없다. 왜냐하면 어떤 존재가 가지는 한계는 그 존재가 가지는 의식의 한계이기도 하기 때문이다. 삶과 거동이 어떤 특정한 종류의 식물에 구속되어 있는 모충(毛蟲)이 가지고 있는 의식은 그 한정된 영역 이상으로 넓혀질 수 없다. 이 모충은 확실히 그 식물을 다른 식물과 구별하기는 하지만 그 이상은 알지 못한다. 우리는 이처럼 제한된 의식, 그러나 바로 제한되어 있기 때문에 전혀 오류가 없는 의식을 의식이라고 부르지 않고 본능이라고 이름한다. 엄밀한 의미 혹은 본래의 의미에서의 의식과 무한한 것에 대한 의식은 불가분리적이다. 제한된 의식은 아무 의식도 아니다. 의식은 본질 적으로 총괄적이며 무한한 성질의 것이다. 무한한 것에 대한 의식은 의식의 무한성에 관한 의식 이외의 다른 것이 아니다. 다른 말로 하면, 무한한 것에 관한 의식에서는 의식하는 주체의 본질이 의식하는 주체에게 대상이 된다.

그러면 인간이 의식하고 있는 인간의 본질이란 대체 무엇이란 말인가? 혹은 인간 속에 있는 본래의 인간성, 유(Gattung)를 형성하는 것은 무엇인가?[1] 인간의 독특성과 본연의 인간성을 형성하고 있는 요소는 이성(Vernunft), 의지, 마음(das Herz)이다. 사유의 힘, 의지의 힘, 마음의 힘을 갖춘 사람이야말로 비로소 완전하다고 말할 수 있다. 사유의 힘은 인식의 빛이고, 의지의 힘은 성격의 힘이고, 마음의 힘은 사랑이다. 이성, 사랑, 의지의 힘은 완전성이며, 최고의 정력이며, 인간 자체의 절대적 본질이며 인간 생존의 목적이다. 인간은 인식하기 위하여 존재하고, 사랑하기 위해 존재하며, 의욕을 가지려고 존재한다.

이성의 목적은 무엇인가? 그것은 이성이다. 사랑의 목적은 무엇인가? 그것은 사랑이다. 의지의 목적은 무엇인가? 그것은 의지의 자유다. 우리는 인식을 위하여 인식하고, 사랑을 위하여 사랑하고, 의욕을 위하여, 즉 자유를 위하여 의욕을 갖는다. 참된 존재는 사유하고, 사랑하고, 의욕을 갖는 존재다. 단지 그 자체를 위하여 존재하는

---

1 천박한 유물론자는 다음과 같이 말한다. "인간은 단지 의식에 의해서 동물과 구별될 뿐이다. 인간은 동물의 일종이기는 하지만, 의식이 추가된 동물이다." 따라서 이 유물론자는 의식에 까지 깨어 있는 존재에 있어서는 전체 본질의 질적 변화가 생긴다는 것을 고려하지 않는다. 그러나 내가 이렇게 말하였다고 해서 동물의 본질을 결코 경시하려는 의도는 없다. 여기는 이 문제에 더 깊이 들어갈 자리가 아니다.

것만이 참되고 완전하고 신적이다. 오직 사랑이 그러하며, 이성이 그러하고, 의지가 그러하다. 인간 안에 있는 그리고 개개의 인간 위에 있는 신적인 삼위일체는 이성, 사랑, 의지의 통일이다. 이성(상상력, 환상, 표상, 사념)과 의지, 사랑 혹은 마음은 인간이 소유하고 있는 힘이 아니다. 왜냐하면 그것들이 없으면 인간은 무(無)이며, 인간이 인간으로 존재하는 것은 그것들에 의해서이기 때문이다. 그것들은 인간의 본질―인간은 이것을 소유할 수도 없고 또 만들 수도 없다―을 근거 짓는 요소로서 그리고 인간에게 생명을 불어넣고 인간을 규정하고 지배하는 힘으로서 신적이며 절대적인 힘이다. 그리고 인간은 그것에 대해서 어떤 저항도 할 수 없다.[2]

감정이 풍부한 사람이 감정에 저항하고, 사랑하는 사람이 사랑에 저항하고, 이성적인 인간이 이성에 저항한다는 일이 어떻게 있을 수 있는가? 누가 압도적인 멜로디의 힘을 경험하지 않은 사람이 있겠는가? 그러나 멜로디의 위력이란 느낌의 위력 이외의 무엇이겠는가? 음악은 감정의 언어이며, 멜로디는 소리 있는 감정이고 자체를 전달하는 감정이다. 누가 사랑의 위력을 경험한 일이 없거나 혹은 적어도 그 위력에 대해 들어 본 일이 없는 사람이 있겠는가? 사랑과 개개의 인간 둘 중에서 어느 것이 더 강한가? 인간이 사랑을 소유하고

---

2 "사람의 의견은 어느 것이나 매우 강하기 때문에 사람은 자기 생명을 걸고서라도 자기 의견을 발표할 정도이다." 몽테뉴(Montaigne).

있는 것일까 혹은 오히려 사랑이 인간을 소유하고 있는 것일까? 사랑이 인간을 감동시켜 기꺼이 사랑하는 사람을 위해 죽음으로 향할 때 이 죽음을 초극하는 힘은 그 사람 자신의 개인적인 힘일까 혹은 오히려 사랑의 힘일까? 그리고 한 번이라도 진실로 사유해 본 일이 있는 사람으로 그 누가 조용하고 떠들썩하지 않은 사유의 힘을 경험하지 않았겠는가? 만일 당신이 숙고(熟考)에 잠겨서 당신 자신과 당신 주위의 것을 잊는다면 그때 당신은 이성을 지배하고 있는 것일까 혹은 당신이 이성에 의해서 지배당하고 흡수되는 것은 아닐까? 학문적 환희는 이성이 당신에 대해 연주하는 가장 아름다운 개가(凱歌)가 아닐까? 지식에의 욕망은 불가항력적이고 모든 것을 초극하는 힘이 아닐까? 그리고 당신이 어떤 격정을 억제한다든가 어떤 습관을 폐기한다든가 하는, 간단히 말하면 자신을 극복하여 승리를 획득한다면 그때 이 승리하는 힘은 당신 자신의 개인적인 힘인가 혹은 오히려 당신을 정복하고 당신 자신과 당신의 개인적 약점에 대항하는 분노로 당신을 채우는 도덕의 힘이나 의지의 정력 은 아닐까?[3]

---

3 개인이라는 단어는 물론 모든 추상적인 단어들과 마찬가지로 매우 확실하지 않으며, 애매하 여 오해를 부르기 쉬운 단어이다. 이와 같은 개인과 사랑, 이성(理性), 의지 사이의 구별이 자연에 근거한 구별 지음인가 아닌가 하는 것은 이 책의 주제를 위해서는 전적으로 아무래도 상관없는 것이다. 종교는 인간의 힘, 성질, 본질 규정을 인간으로부터 떼어내어 독립적인 본질로 신화(神化)한다. 그래서 종교가 다신교의 경우와 같이 각 개체를 그것만으로 하나의 본질로 만드는지 혹은 일신교의 경우에 있어서와 같이 그것들 모두를 하나의 본질로 총괄하

인간은 대상이 없이는 아무것도 아니다. 우리에게 인간의 본질을 현시해 보여 주는 그런 위대한 모범적인 인간은 이 명제를 그들의 삶에 의하여 확증하였다. 그들은 다만 그들의 행위의 대상인 목적을 실현한다는 하나의 지배적 근본 열정을 가졌을 뿐이다. 그러나 주체가 본질적으로 그리고 필연적으로 관계하는 대상은 그 주체 자신의 대상적인 본질 이외의 다른 아무것도 아니다. 그러나 주체가 자신을 관계시키는 대상이 유(Gattung)에서는 동일해도 각개의 종(Art)에서는 상이한 수많은 개인에게는 하나의 공통된 대상이다. 그 대상은 각각 성질을 달리하는 개인에게 다른 객체가 되는 것처럼, 적어도 그들 자신의 대상적인 본질이 된다.

태양은 여러 행성(Planet)의 공통적인 객체이다. 그러나 태양은 지구에 있어서 대상인 것과는 다른 조건 아래서 수성(水星), 금성, 토성 그리고 천왕성에 있어서 대상이다. 각각의 행성은 그것 자체의 태양을 가지고 있다. 천왕성을 비추고 따뜻하게 하는 그 태양은 지구에는 아무런 물리적 현존(Dasein)을 가지고 있지 않으며 다만 천문학적-과학적 현존을 가지고 있을 뿐이다. 또한 태양이 천왕성상에서는

는지 어떤지 하는 것은 아무래도 상관없는 일이다. 그러나 위의 이유에 의해서 이들 신적 본질을 설명하거나 인간으로 환원하거나 할 때도 역시 개인과 사랑, 이성, 의지와의 구별 지음이 만들어져야 한다. 더 나아가서 이 구별은 단지 대상에 의해서 제출되는 것만은 아니다. 이 구별은 또한 언어적으로도 그리고 이것과 같은 것이지만, 논리적으로도 기초 지어져 있다. 왜냐하면 인간은 자기를 자기의 정신, 자기의 두뇌, 자기의 심장과 구별하여 마치 그것들 없이도 자기는 어떤 것이라고 여기기 때문이다.

지구상에서와 다르게 나타난다. 그뿐 아니라 천왕성상에서 태양은 실제로 지구상에서의 태양과 다른 태양이다. 그러므로 지구에 대한 태양의 관계는 동시에 지구 자체에 대한 관계, 지구 자체의 본질에 대한 지구의 관계이다. 왜냐하면 태양이 지구의 대상으로서 갖는 크기와 빛의 강도의 척도는 지구의 특유한 성질을 결정하는 거리 (Entfernung)의 척도이다. 그러므로 각각의 행성은 그 자체의 태양에서 그것 자체의 본질에 대한 거울을 가진다.

그러므로 인간은 대상에 있어서 자기 자신을 의식한다. 즉, 대상의 의식은 인간의 자기의식이다. 우리는 대상에 의하여 인간을 인식한다. 대상에서 우리에게 인간의 본질이 나타난다. 대상은 인간의 노출된 본질이며, 인간의 진실한 객관적 자아(Ich)이다. 그리고 이 말은 정신적인 대상뿐 아니라 감성적인 대상에도 해당한다. 인간으로부터 멀리 떨어져 있는 대상조차도 역시 인간에게는 대상이기 때문에 그리고 인간에게 대상인 한 인간 본질의 현시(Offenbarung)이다. 달도, 태양도, 별도 인간에게 "너 자신을 알라"고 말한다. 인간이 그것들을 달이나 태양이나 별로 본다는 것은 인간 자신의 본질을 증거해 주는 것이 된다. 동물은 단지 삶에 필요한 광선을 받을 뿐이지만, 인간은 인간에게서 가장 멀리 떨어져 있는, 실제로는 인간에게 아무 상관도 없는 별빛까지도 지각하는 것이다. 단지 인간만이 이해 (利害)를 떠난 순수하고 지적인 기쁨과 애정을 지니고 있다. 즉, 인간만이 눈(Auge)의 이론적 즐거움을 찬미하는 것이다. 현세나 현세의 필요와 상관없는 별이 총총한 하늘을 바라보며, 이해(利害)를 떠난 빛을 바라보는 눈은 그 빛 속에서 자기 자신의 본질과 자기 자신의 근원을 보는 것이다. 눈은 천상적인 성질을 지닌다. 그러므로 인간은 단지 눈에 의해서만 지구를 초월한다. 그러므로 이론(理論)은 하늘로 향한 눈길과 더불어 시작된다. 최초의 철학자들은 천문학자였다. 하늘은 인간에게 그의 사명을 상기하게 한다. 즉, 인간은 단지 행동하도록 규정되어 있을 뿐만 아니라 명상을 하도록 규정되어 있기도 하다는 것이다.

인간에게 있어서 **절대자**는 인간 자신의 본질이다. 인간을 압도하는 대상의 힘은 인간 자신의 본질의 힘이다. 그와 같이 감정의 대상의 힘은 감정 자체의 힘이고, 이성의 대상의 힘은 이성 자체의 힘이며, 의지의 대상의 힘은 의지 자체의 힘이다. 음악적 소리에 감동한 사람은 감정에 지배된 것이다. 즉, 적어도 음악적 소리 속에 자기와 일치하는 요소를 발견하는 감정에 의해 지배된다. 그러나 멜로디 자체가 아니라 내용이 풍부하고 의미가 가득 차고 감정이 가득한 멜로디만이 감정을 압도하는 힘을 가진다. 감정은 단지 감정을 전달하는 감정, 즉 감정 자체나 감정 자체의 본질에 의해서만 규정된다. 의지 또한 그러하며, 이성은 더욱 그러하다. 그러므로 항상 우리가 의식하는 대상이 무엇이든 우리는 그와 동시에 우리 자신의 본질을 의식한다. 우리는 우리 자신을 긍정하지 않고서는 아무것도 긍정할 수 없다. 그리고 의욕, 정감, 사유는 완전성, 본질성, 실재성이다. 그러므로 우리가 이성을 가지고 이성을, 감정을 가지고 감정을, 의지를 가지고 의지를 어떤 제한된 유한한 힘으로, 즉 쓸모없는 힘으로 감각한다든 가 혹은 지각한다든가 하는 것은 불가능하다. 즉, 유한성과 허무성 (Nichtigkeit)은 동일하며, 유한성은 단지 허무성에 대하여 미화된 표현일 뿐이다. 유한성은 형이상학적-이론적 표현이며, 허무성은 병리학적-실천적 표현이다. 오성(悟性)에 있어서 유한적인 것은 심 정에 있어서는 허무적이다. 그러나 우리가 의지, 감정, 이성을 유한 한 힘으로 의식하는 것은 불가능하다. 왜냐하면 모든 완전성, 모든 힘, 모든 본질성은 그 자체를 직접 검증하고 강화하는 것이기 때문이 다. 사람들은 사랑, 의욕, 사유의 활동을 완전성으로서 느끼지 않고 서는 사랑한다든가, 의욕을 갖는다든가, 사유한다든가 할 수 없다. 사람들은 사랑하고, 의욕하고, 사유하는 것에 관해 무한한 기쁨을 느끼지 않고서는 자기가 사유하고 의욕을 갖고 사랑하는 존재라는 것을 지각할 수 없다. 의식이란 어떤 존재가 자기 자신에게 대상이 된다는 것이다. 따라서 의식은 어떤 특수한 것이 아니고, 자기를 의식하는 존재로부터 구별된 것도 아니다. 의식이 의식하는 존재로 부터 구별된 것이라면 그 존재가 어떻게 자신을 의식할 수 있겠는가? 그러므로 완전성을 불완전성으로서 의식한다는 것은 불가능하다. 따라서 감정을 제한된 것으로 느끼는 것은 불가능하며, 사유를 제한 된 것으로 사유하는 것은 불가능하다.

　의식이란 자기 확증이고 자기 긍정이며 자기애이다. 그리고 자기 자신의 완전성에 대한 기쁨이다. 의식은 어떤 완전한 본성의 특징적인 표식이다. 의식은 단지 어떤 만족하고 완전한 존재 속에만 실존할 뿐이다. 인간의 허영심까지도 이 진리를 확증한다. 인간은 거울을 보고 자기 자신의 형태에 만족한다. 이 자기만족은 그의 형태와 완전성과 미(美)의 필연적이며 불가피한 귀결이다. 아름다운 형태는 자체 안에서 만족하는 것이다. 아름다운 형태는 필연적으로 그 자체에 대하여 기쁨을 가진다. 아름다운 형태는 필연적으로 그 자체를 자체 안에서 주시한다. 인간이 단지 자기 자신의 개인적인 모습에 대해 자만할 때 그것은 허영이 된다. 그러나 인간의 모습 일반에 대해 감탄할 때는 허영이 되지 않는다. 인간은 인간의 모습 일반에 대해 감탄해야 한다. 인간은 인간의 모습보다 더 아름답고 더 숭고한 모습을 표상할 수 없다.[4]

확실히 각각의 존재는 자기 자신과 자기의 존재를 사랑하며 또 사랑해야 한다. 존재 자체가 하나의 선(ein Gut)이다. 베이컨(Bacon)은 "존재할 가치가 있는 모든 것은 또한 알 가치가 있다"고 말한다. 존재하는 모든 것은 가치를 가지고 있으며, 하나의 탁월한 존재이다.

---

[4] "인간은 인간에게 가장 아름다운 것이다." 키케로(Cicero), 『신의 본질에 관해서』 제권. 그리고 이것은 결코 인간의 제한성의 표징이 되지는 않는다. 왜냐하면 인간은 자기 이외의 다른 존재 역시 아름답다는 것을 발견하기 때문이다. 인간은 또한 동물이 보이는 모습의 아름다움, 식물이 보이는 모양의 아름다움, 자연 일반의 아름다움도 즐긴다. 그러나 단지 절대적이고 완전한 형태만이 질투 없이 다른 존재의 모습을 보고 기뻐할 수 있다.

그러므로 그것은 자체를 긍정하고 자체를 주장한다. 그러나 자기 긍정의 최고의 형태, 즉 그 자체가 영예, 완전성, 행복, 선(善)인 형태는 의식이다.

인간의 이성 혹은 일반적으로 인간의 본질에 대한 제한은 모두 기만이나 오류에 근거한 것이다. 개체로서의 인간 존재가 자기를 제한되어 있다고 느끼고 인식한다는 것은 확실하다. 여기에 인간 개체와 동물 개체와의 차이점이 있다. 그러나 인간 개체가 자기의 제한이나 자기의 유한성을 의식할 수 있는 것은 오직 유의 완전성이나 무한성이 그에게 대상이 되기 때문이다. 그리고 이때 개인에 의해 지각되는 것은 감정의 대상으로서든, 양심의 대상으로서든, 사유하는 의식의 대상으로든 어느 것이나 마찬가지다. 그런데 인간의 개체가 자기의 제한을 유의 제한으로 삼는다면 이것은 인간의 개체가 자기를 유와 동일시하는 기만에서 발생하는 것이다. 그래서 이 기만은 안일함, 태만, 허영, 이기심과 가장 긴밀하게 연관된다. 즉, 내가 순전히 나의 제한으로 알고 있는 제한은 나를 낙담하게 하고, 수치스럽게 하고, 불안하게 한다.

그러므로 나를 이 수치심, 이 불안으로부터 해방되기 위해 나는 나 개인의 제한을 인간 본질 일반의 제한으로 전환한다. 나에게 이해될 수 없는 것은 다른 사람에게도 이해될 수 없는 것이다. 내가 이 이상 무엇을 마음 써야 할 것인가? 그렇다. 그 제한은 나의 죄가 아니다. 그것은 나의 오성이 책임져야 할 것이 아니라 유 자체의 오성이 책임져야 할 것이다. 그러나 개체의 절대적 본질인 인간의 본성과 유의 본질을 유한하고 제한적으로 규정하는 것은 우스꽝스럽고도 모독적인 오류이다. 모든 존재자는 그 자체로 충분하다. 어떤 존재도 자체를, 즉 자체의 본질성을 부정할 수 없으며, 어떤 존재도 그 자체로 제한된 존재가 아니다. 모든 존재는 오히려 자체 안에 그리고 자체에 대하여 무한하고, 자기의 신, 자기의 최고의 본질을 자체 안에 가지고 있다. 어떤 존재의 제한은 모두 그 존재 이외의 그리고 그 존재자 이상의 다른 존재자에 의해서만 인식될 수 있다. 하루살이의 생명은 더 오래 사는 동물의 생명과 비교하면 대단히 짧다. 그러나 그럼에도 불구하고 하루살이에게는 이 짧은 생명도 다른 동물에게 수년의 생명만큼이나 긴 것이다. 모충(毛蟲)이 살아가는 나뭇잎은 그 모충에게는 전 세계이며 무한한 공간이다.

어떤 존재에게 그 존재를 존재하게 하는 것은 바로 그 존재의 재능이며, 그 존재의 능력이며, 그 존재의 부(富)이며, 그 존재의 장신구이다. 그 존재의 존재(Sein)를 비존재로 지각한다든가, 그 존재의 부를 결핍으로 지각한다든가, 그 존재의 재능을 무능으로 지각한다든가 하는 일이 어떻게 가능하겠는가? 만일 식물이 눈, 취미, 판단력을 가지고 있다면 모든 식물은 자기의 꽃이 가장 아름답다고 단언할 것이다. 왜냐하면 그 식물의 오성(悟性), 그 식물의 취미는 그 식물의 본질의 생산력 이상에는 도달하지 못하기 때문이다. 어떤 식물의 본질의 생산력이 최고의 것으로 만들어 내는 것은 또한 그 식물의 오성, 그 식물의 취미가 최고의 것으로 긍정하고 인식하는 것이 아니면 안 된다.

본질이 긍정하는 것을 오성이나 취미나 판단이 부정할 수 없다. 만일 그와 같은 일이 생긴다면 그 오성이나 판단력은 이미 이 특정한 본질의 오성이나 판단력이 아니고 어떤 다른 본질의 오성이나 판단력이 된다. 본질의 척도는 오성의 척도이기도 하다. 본질이 제한되어 있다면 감정도 제한되어 있고, 이성 또한 제한되어 있다. 그러나 제한된 본질에 있어서 제한된 오성은 제한이라고 생각되지 않는다. 오히려 제한된 본질은 제한된 오성을 가지고 있어서 완전히 행복하고 또 만족해한다. 제한된 본질은 제한된 오성을 훌륭하고 신적인 힘으로 생각하고 찬미하고 존중한다. 그리고 제한된 오성 편에서도 제한된 본질을 찬양한다. 제한된 오성은 제한된 본질의 오성이다. 양자는 가장 엄밀하게 적합(適合)한 것이다. 그들이 어떻게 서로 불화할 수 있겠는가?

오성이란 본질의 시야이다. 우리의 본질은 우리의 눈이 다다르는 한 연장되고 또한 역(逆)으로 우리의 눈은 우리의 본질이 연장되는 곳까지 도달한다. 어떤 동물의 눈은 그 동물의 욕구를 넘어서 멀리 볼 수는 없다. 그리고 우리의 제한되지 않은 자기의식은 우리의 본질이 도달하는 곳까지 이르며, 우리는 그곳까지만 신이다. 오성과 본질 사이의 분열, 인간의 의식에서 사유력과 생산력 사이의 분열은 한편에서는 보편적 의미를 갖지 않는 단순한 개인적 분열에 지나지 않으며, 다른 한편으로는 단지 외견적인 분열에 지나지 않는다. 자기가 쓴 졸렬한 시(詩)가 졸렬하다는 것을 인식한 사람은 졸렬한 시를 쓰고도 그것을 자기의 오성 속에서 좋은 시라고 여기는 사람과는 다르다. 그는 인식에서 제한되어 있지 않기 때문에 본질에서도 제한되어 있지 않다.

따라서 만일 우리가 무한자를 사유한다면 그때 우리는 사유 능력의 무한성을 사유하고 또한 긍정하는 것이다. 그리고 우리가 만일 무한자를 느낀다면 그때 우리는 감정 능력의 무한성을 느끼고 또 긍정하는 것이다. 이성의 대상은 그 자신에게 대상화되는 이성이며, 감정의 대상은 그 자신에게 대상화되는 감정이다. 만일 당신이 음악에 대한 감각이나 감정을 조금도 가지고 있지 않다면 그때 당신은 가장 아름다운 음악을 듣고도 당신의 귀 옆을 스쳐 가는 바람이나 당신의 발 옆으로 흘러가는 실개천에서 듣는 소리 이상의 아무것도 듣지 못할 것이다. 그렇다면 멜로디가 당신을 감동시킬 때 당신을 감동하게 하는 것은 무엇인가? 멜로디 속에서 당신이 들을 수 있는 것은 무엇인가? 그것은 당신의 마음(Herz)의 소리 이외의 무엇이란 말인가? 감정의 대상은 오직 그 자신의 감정이기 때문에 감정은 다만 감정에게만 말한다. 감정은 단지 감정에게, 즉 그 자체로만 이해될 수 있다. 음악은 감정의 독백이다. 그러나 철학의 대화 역시 사실은 이성의 독백에 지나지 않는다. 사상(Gedanke)은 단지 사상에게만 말을 하는 것이다. 결정체의 색채미는 감관을 황홀하게 하지만,

이성이 흥미를 갖는 것은 단지 결정체의 법칙뿐이다. 이성에게는 이성적인 것만이 대상이다.[5]

형이상학적-초인간적인 사변 철학 그리고 종교의 의미에서 파생적인 것, 주관적인 것 혹은 인간적인 것, 수단, 기관(Organ)의 의미를 지닐 뿐인 모든 것은 진리의 의미에서는 근원적인 것, 신적인 것, 본질, 대상 그 자체의 의미를 지닌다.

예를 들면 감정이 종교의 본질적인 기관이라면 신의 본질은 감정의 본질이 나타난 표현 이외의 다른 것이 아니다. "감정은 신성한 기관이다"라는 말에 담긴, 숨어 있기는 하나 진실한 의미는 감정이 인간의 본질 중에서 가장 고귀하고 가장 뛰어난 것, 즉 신적인 것임을 의미한다. 만일 감정의 본질 자체가 신적인 것이 아니라면 어떻게 당신은 감정을 통해서 신적인 것을 깨달을 수 있겠는가? 확실히 신적인 것은 단지 신적인 것을 통해서만 인식되고, "신은 단지 신 자신을 통해서만 인식된다." 감정이 지각하는 신의 본성은 사실은 감정의 본질이 그 자체에 황홀해지고 스스로 환희에 도취하는 감정, 즉 자신의 충만함으로 행복을 느끼는 감정에 지나지 않는다.

이것은 이미 감정이 무한자의 기관으로, 종교의 주관적인 본질로서 주장될 때는 종교의 외적인 표현에서 객관적인 가치가 상실되고

---

5 "오성은 다만 오성과 오성에서 유출된 것에 대해서만 감수성을 가지고 있다." 라이마루스 (Reimarus), *Wahrheit der natürl*, Religion IV, Abt. §8.

만다는 것을 보아도 분명하다. 이처럼 사람들이 감정을 종교의 제일 원리로 주장할 때는 과거에 그렇게도 신성하다고 하던 기독교 교리들이 무의미해지고 만다. 감정의 입장에서도 아직도 대상이 가치를 인정받는다면 그래도 대상이 가치가 있는 것은 오로지 감정 때문이며, 감정은 아마도 우연적인 이유에서 그 대상과 결부된 것에 불과하다. 만일 다른 대상이 똑같은 감정을 격하게 자극한다면 그 대상도 똑같이 환영받을 것이다.

그러나 감정의 대상이 무관심하게 되는 이유는 오직 다음과 같은 것이다. 즉, 일단 감정이 종교의 주관적 본질이라고 언표(言表)되었을 때도 그것은 실제로 감정이 종교의 객관적인 본질이기도 하다는 점 때문이다. 그리고 비록 감정이 적어도 직접적으로는 종교의 객관적 본질로 언표되지 않는다고 하더라도 그것은 마찬가지다. 나는 '직접적으로'라고 말한다. 왜냐하면 이것은 간접적으로는 확실히 다음과 같은 것에 의해서 승인되어 있기 때문이다. 즉, 그것은 감정 그 자체가 종교적인 것으로 선언되므로 특히 종교적인 감정과 반종교적 감정 혹은 적어도 비종교적인 감정과의 구별이 폐기된다는 것이다. 그리고 이 폐기는 단지 감정만을 신적인 기관으로 인정한다는 입장의 필연적인 귀결이다.

우리가 감정을 무한하고도 신적인 존재의 기관으로 만드는 것은 감정의 본질이나 본성 이외의 다른 무엇이겠는가? 그러나 감정의 대상이 무엇이든지 간에 감정 일반의 본성은 또한 각각의 특수한 감정의 본성이 아닌가? 따라서 무엇이 이 감정을 종교적 감정이 되게 하는가? 그것은 일정한 대상인가? 그렇지 않다. 왜냐하면 이 대상은 다만 냉담한 오성 혹은 기억의 대상이 아니라 감정의 대상일 때만 종교적 대상이 되기 때문이다. 그렇다면 무엇이 감정을 종교적인 것이 되게 하는가? 그것은 모든 감정이 대상의 구별 없이 나누어 갖는 감정의 본성이다. 그러므로 감정은 전적으로 그것이 감정이기 때문에 신성하다고 말해지는 것이다. 감정의 종교성의 근거는 감정의 본성이며 감정 자체 안에 가로놓여 있다. 그러나 이런 일에 의해서 감정은 절대자로서, 신적인 것 자체로서 언표된 것이 아닌가? 만일 감정이 자체에 의하여 선하고 종교적이라면, 즉 거룩하고 신적인 것이라면 감정은 자체 안에 자기의 신을 가지고 있는 것이 아닌가?

그러나 그럼에도 불구하고 우리가 감정의 객체(客體)를 확립하고 동시에 우리의 감정을 진실하게 해석하려고 반성과 함께 무언가 이종적(異種的)인 것을 도입하지 않는다면 우리에게 남는 것은 다음과 같은 것 외에 무엇이겠는가? 즉, 우리는 개인적인 감정과 감정의 보편적인 본질 또는 본성과 구별하여 제약된 개인으로서의 자신 안에 있는 감정을 속박하고 있는, 방해하면서 불순하게 하기도 하는 영향으로부터 감정의 본질을 분리할 수만 있으면 된다.

그러므로 우리가 대상화하여 무한자라고 언표하고, 그 무한자의 본질로서 규정할 수 있는 것은 오직 감정의 본성뿐이다. 결국 우리는 다음과 같은 신 규정 이외에는 달리 규정할 수가 없다. 즉, "신은 순수하고, 무제한하고, 자유로운 감정이다." 당신이 여기서 그 이외의 신을 조정한다면 그 각각의 다른 신은 당신의 감정 밖에서 밀어넣어진 신이다. 감정은 정통 종교적 신앙의 의미에 있어서는 무신론적이다. 정통적 종교로서의 신앙은 외적 대상과 결부되어 있다. 그러나 감정은 대상적인 신을 거부한다. 즉, 감정은 그 자체로 신이다. 감정의 입장에서는 감정의 부정만이 신의 부정이다. 우리는 너무나 겁이 많고 혹은 너무나 제한되어 있어서 우리의 감정이 은밀히 긍정하고 있는 것을 말로써 고백할 수 없을 뿐이다. 우리는 외적인 배려에 속박된 감정의 정신적 숭고함을 이해하지 못하고 우리 마음의 종교적인 무신론에 직면하여 전율하는 것이다.

그리고 이 두려움 때문에 우리 감정의 자기 통일을 파괴한다. 왜냐하면 우리는 감정으로부터 구별된 대상적 본질을 상상하면서 그리고 필연적으로 "신은 존재하는가 혹은 존재하지 않는가?" 하는 낡은 물음과 의문으로 또다시 빠져든다. 이 의문은 감정이 종교의 본질로서 규정되는 곳에서 소멸하거나 불가능해진다. 감정은 우리의 가장 내적인 힘이다. 그러나 동시에 우리에게서 구별된 힘, 독립된 힘이다. 즉, 감정은 우리 안에 있으면서 우리 위에 있다. 감정은 우리의 가장 고유한 본질이다. 그러나 우리는 이 본질을 다른 본질로 그리고 다른 본질처럼 생각하는 것이다. 간단히 말하면 감정은 우리의 신이다. 그렇다면 우리는 어떻게 우리 안에 있는 본질로부터 다른 대상적 본질을 구별하려 하는가? 우리는 어떻게 우리의 감정을 초월하려 하는가?

그러나 여기서 감정은 단지 하나의 예(例)로서 강조되었을 뿐이다. 사람들이 대상의 본질적 기관으로 규정하는 다른 모든 힘, 능력, 잠재력, 실재성, 행위—이들 이름은 아무래도 상관없다—의 경우에도 사정은 마찬가지다. 주관적인 혹은 인간의 편에서 본질의 의미를 지니는 것은 바로 그 때문에 객관적으로 혹은 대상의 편에서도 역시 본질의 의미를 지닌다. 그런데 인간은 단 한 번도 자기의 참 본질을 넘어설 수 없다. 인간은 아마도 상상을 매개로 하여 자기보다 더 높은 종류의 개인을 생각해 낼 수 있을지는 모른다. 그러나 인간은 자기의 유나 본성에서는 결코 벗어날 수 없다. 인간이 자기가 아닌 다른 개인에게 부여하는 본질 규정은 언제나 그 자신의 본질로부터 이끌어낸 규정 혹은 특성이다. 즉, 인간은 이러한 특성을 이용하여 사실은 단지 자기 자신의 모습을 투사하고(대상화) 그려 낼 수 있을 뿐이다. 아마도 확실히 인간 이외에도 사유하는 존재가 우리 태양계의 다른 행성들에도 있을지 모른다. 그러나 우리는 그러한 존재가 있으리라는 가정에 의해 우리의 생각을 변경시키지는 않는다. 즉, 우리는 우리의 생각을 '질(質)적'으로가 아니라 '양(量)적'으로 풍부하게 할 뿐이다. 왜냐하면 다른 행성들에서도 여기에서와 같이 동일한 운동 법칙이 타당한 것처럼 감각과 사유의 법칙도 타당할 것이기 때문이다. 실제로 우리는 별들에도 생명을 가진 것이 있다고 생각한다. 그러나 그것은 결코 우리와는 다른 존재가 있다는 것이 아니라

단지 그곳에도 우리와 같은 존재자 혹은 우리와 닮은 존재가 더 많이 있다는 것을 의미한다.[6]

---

6 "음악이나 수학이 부여하는 만족은 오직 우리 인간에게만 제한되어 있는 것이 아니라 더욱더 많은 존재자에게도 확산되어 있다는 것은 참인 것 같다." 이것은 바로 "질(質)은 동일하고 음악이나 과학에 대한 감각은 같은 것이며 향유자의 수도 제한되어 있을 리가 없다"는 것을 의미하는 것이다. 크리스챤 휘겐스(Ch. Huygens), 『우주론』(*Cosmotheor.*) 제1권.

2장
일반적 종교의 본질

지금까지 일반적으로 대상—감성적 대상 포함—에 대한 인간의
관계에 관해 주장된 것은 특히 종교적 대상에 대한 인간의 관계에
해당한다.

감성적 대상에 대한 관계에서 대상 의식은 자아의식과 구별된다.
그러나 종교적 대상의 경우에 대상 의식은 자아의식과 일치한다.
감성적 대상은 인간 밖에 있고, 종교적 대상은 인간 안에 있으며
그 자신의 내면적 대상이다. 그 때문에 종교적 대상은 인간의 자아의
식, 인간의 양심과 같은 친밀한 대상이다. 즉, 종교적 대상은 자기에게
가장 가깝고 친밀한 대상이다. 예를 들면 어거스틴(Augustine)은 다음
과 같이 말하고 있다.

신은 감성적-육체적인 사물보다도 더 가깝고 더 관련되어 있다. 그래

서 더욱 용이하게 인식할 수 있는 대상이다.[1]

감성적 대상은 그 자신은 아무래도 상관없는 대상이며 심성(Gesinnung)에서도 판단력에서도 독립하여 있다. 그러나 종교의 대상은 선택된 대상이며 가장 우수한 제일의, 최고의 존재(Wesen)이다. 종교적 대상은 비판적 판단을 전제로 한다. 즉, 종교적 대상은 신적인 것과 비신적인 것의 구별을 전제하고 숭배할 만한 가치가 있는 것과 숭배할 만한 가치가 없는 것의 구별을 전제한다.[2]

그리고 여기에서 인간의 대상은 자신의 대상화된 본질에 불과하다는 명제가 어떤 제한도 없이 타당해진다. 인간의 사유(思惟)와 성향은 신의 사유와 성향과 다르지 않다. 신은 인간이 가진 만큼의 가치를 갖고 있으며, 그 이상의 가치를 갖고 있지 않다. 신 의식은 인간의 자의식이고, 신 지식은 인간의 자기 인식이다. 우리는 신으로부터 인간을 인식하며 그리고 다시 인간으로부터 신을 인식한다. 인간과 인간의 신은 동일하다. 인간에게 신인 것은 인간의 정신(Geist)이고 인간의 영혼(Seele)이며, 인간의 정신, 인간의 영혼, 인간의 마음(Herz)은 인간의 신이다. 신은 인간의 내면이 나타난 것이며, 인간

---

1 『원리론』제5권, 제16장.
2 미누키우스 펠릭스(Minucius Felix)는 『옥타비안』(*Octavian*) 제24장에서 이교도를 향하여 다음과 같이 말하고 있다. "너희들은 사람들이 신을 존경하기 이전에 신을 알아야 한다는 것을 생각하지 않는다."

자체가 언표(言表)된 것이다. 종교란 인간의 숨겨진 보물이 엄숙하게 드러나는 것이고, 인간의 가장 내면적인 사상이 공언되는 것이며, 인간의 사랑의 비밀이 공공연하게 고백되는 것이다.

그러나 신의 의식인 종교가 인간의 자의식으로 특징지어질 때, 마치 종교적 인간이 신에 대한 자의식이 자기 본질의 자의식이라고 직접 의식하고 있는 것처럼 이해되어서는 안 된다. 왜냐하면 이 직접적 의식의 결핍이 바로 종교의 특유한 본질을 기초 짓고 있기 때문이다. 이 오해를 제거하기 위하여 종교는 인간의 최초의 자의식이며, 간접적인 자의식이라고 말하는 편이 더 좋을 것이다. 그러므로 종교는 어디서나 인류의 역사에서와 마찬가지로 개인의 역사에 있어서도 역시 철학에 선행(先行)한다. 인간은 자기의 본성을 자신의 밖으로 옮겨 놓고 자기 안에서 그것을 찾는다. 인간 자신의 본성은 처음에는 다른 존재로서 인간의 대상이 된다. 종교는 인류 본성의 유아적 측면이다. 어린아이는 자기의 본성을(즉, 인간을) 자기 밖에서 본다. 어린아이로서의 인간은 타인으로서의 자기를 대상으로 삼는다.

종교에서의 역사적인 발전은 초기의 종교에 의해 객관적인 것으로 인정되었던 것이 후에는 주관적인 것으로서 인정된다는 것, 즉 신으로 직관되고 숭배되었던 것이 후에는 어떤 **인간적인** 것으로 인식된다는 점이다. 전에 종교였던 것이 후에는 우상 숭배가 된다. 즉, 인간은 자기 자신의 본성을 숭배해 왔다. 인간은 자기를 대상화하고 있었지만, 대상을 자기의 본성으로 인식하지는 못했다. 훗날의 종교는 거기까지 진보한다. 그러므로 종교에 있어서 진보란 어느 것이나 인간의 자기 인식을 한층 더 깊게 하는 것이다. 그러나 특정 종교는 다른 모든 종교를 우상 숭배로 낙인찍고 자신들만이 그러한 운명의, 즉 종교 일반의 본성에서 예외라고 생각한다. 그것은 필연적이다. 만일 그렇지 않다면 그 특정 종교는 이미 종교일 수 없기 때문이다. 모든 종교는 종교 일반의 죄―만일 이것을 죄라고 말해도 괜찮다면 ―를 자신 이외의 다른 종교에만 전가한다. 자신들은 하나의 다른 대상, 다른 내용을 가지고 있기 때문에 또 이전 종교의 내용을 뛰어넘기 때문에 종교의 본질을 이루는 필연적이며 영원한 법칙을 초월하고 있다고 생각하고, 그 대상이나 내용이 초인간적인 것이라고 망상한다. 그러나 그러는 대신 종교를 고찰의 대상으로 하는 사상가는 종교 자체에 숨어 있는 종교의 본질을 꿰뚫어 본다. 그리고 우리의 과제는 바로 신적인 것과 인간적인 것(신과 인간)의 대립은 착각이라는 것, 즉 그 대립은 일반적인 인간의 본성과 인간 개인의 본성 사이의 대립일 뿐이라는 것, 그러므로 기독교의 대상과 내용은 모두 인간적인 것임을 증명하는 데 있다.

종교, 적어도 기독교는 인간과 자신과의 관계 혹은 좀 더 정확하게 말하면 인간과 자기의 본성, 즉 자기의 주관적인 본성과의 관계이다. 신적 존재는 인간 존재에 다름 아니다. 혹은 좀 더 바르게 말하면 신적 본성은 인간 본성이 개체의 현실적-육체적 인간의 제한에서 분리되어 대상화된 것이다. 바꾸어 말하면 신적 본성은 인간 본성이 개인과 구별되어 다른 독자적 본성으로서 직관과 존경의 대상이 된다. 그러므로 신적 본성의 모든 규정은 인간 본성의 규정이다.[3]

이는 신적 존재의 술어나 성질 혹은 규정에 대한 관계에서는 주저 없이 승인되지만, 주어, 즉 그 신적 술어의 기체(Hypokeimenon)에 대한 관계에서는 결코 그렇지 않다. 주어의 부정은 무신앙이나 무신론으로 간주되지만, 술어의 부정은 그렇지 않다. 그러나 아무 규정도 없는 것, 술어가 없는 것은 나에게 아무 영향도 미치지 못한다. 나에게 아무 영향도 미치지 않는 것은 나에게는 실존하지 않는 것이나 마찬가지다. 존재의 모든 규정을 폐기한다는 것은 존재 자체를 폐기하는 것과 같다. 규정이 없는 존재는 대상(Gegenstand)이 될 수 없는 존재이며, 대상이 될 수 없는 존재는 허구적 존재이다. 그러므로 인간이 신에게서 모든 규정을 빼앗아버리는 곳에서는 신은 인간에게 부정적인 존재, 즉 아무것도 없는 허무적 존재에 지나지 않는다. 진실로 종교적인 인간에게 신은 결코 규정 없는 존재가 아니다. 왜냐하면 그에게 확실하고 현실적인 존재이기 때문이다. 그러므로 신의 무규

---

3 "신의 완전성은 우리의 영혼의 완전성이다. 그러나 신은 완전성을 무제한으로 점유하고 있다. 우리는 약간의 능력, 약간의 인식, 약간의 착함을 지니고 있다. 그러나 이 모든 것은 신에 있어서는 완전한 것이다." 라이프니츠(Leibniz), 『변신론』 서언; "인간의 영혼을 뛰어나게 하는 모든 것은 신의 본질에서도 고유한 것이다. 신으로부터 제외된 것은 영혼의 본질 규정에도 속하지 않는다." 닛사(Nyss)의 성 그레고리우스(S. Gregorius), 『영혼에 관해서』(De anima) (Lips, 1837), 42; "그러므로 모든 지식 중에서도 가장 좋고 가장 중요한 것은 자기 인식이다. 왜냐하면 만일 어떤 사람이 자기 자신을 안다면 그때 그는 또한 신을 알 것이기 때문이다." 알렉산드리아의 클레멘트(Clemens Alex), 『교육자』, 제3권, 1장.

정성 그리고 이것과 동일한 불가 인식성은 근대의 소산이며 근대적 불신앙의 산물일 뿐이다.

이성(Vernunft)이 유한한 것으로 규정되고 또 규정될 수 있는 것은 인간이 감성적 향락 혹은 종교적 감정 혹은 미적 직관 혹은 도덕적 심성(Gesinnung)을 절대적인 것, 참된 것으로 간주하는 곳에서만 그러하다. 이처럼 신의 불가 인식성 혹은 불규정성은 다음과 같은 경우에만 교의로서 언표되고 확립될 수 있다. 즉, 그것은 이 대상이 이미 인식의 관심사가 아닌 경우이다. 그리고 현실성만이 인간의 마음을 끌고, 인간에게 현실적인 것만이 본질적-절대적-신적 대상 이라는 의미를 갖는 경우이다. 그러나 이러한 경우에도 아직 동시에 이 순수하게 세속적인 경향과 모순되는 종교심의 낡은 잔재가 현존 하고 있다. 인간은 아직도 남아 있는 종교적 양심 앞에서 신을 잊고, 속세에서 길을 잃고 있다는 것을 변명하기 위하여 신의 불가 인식성 을 이유로 든다. 인간은 신을 실천적으로 행위를 통해 부정한다. 그의 지각과 사유가 모두 현세의 것이다. 그러나 인간은 이론적으로 신을 부정하지 않는다. 인간은 신의 실존을 배격하지 않고 신의 존립 을 승인한다. 그러나 신의 실존은 인간과 관계가 없으며 인간을 방해 하지 않는다. 신의 실존은 단지 소극적인 실존, 실존 없는 실존, 자기 자신에 모순되는 실존이다. 즉, 영향이라는 점에서 보아 비존재 (Nichtsein)와 구별할 수 없는 존재이다. 신적 본성에 관해 적극적-규 정적 술어를 부정한다는 것은 종교를 부정하는 것과 다르지 않다.

다만 이 부정이 그 자체로 종교의 가상을 지니고 있으므로 종교의 부정으로 인식되지 않을 뿐이다. 그것은 세심하고 교활한 무신론에 불과하다.

규정된 술어에 의해 신을 유한화하는 외견적-종교적 공포는 신에 대해 더 이상 알려 하지 않는, 신을 망각하려는 믿음 없는 소망에 지나지 않는다. 유한하다는 것을 두려워하는 사람은 실존하는 것을 두려워하는 사람이다. 모든 현실적인 실존, 즉 진실로 존재하는 실존은 질적으로 규정된 실존이다. 신의 실존을 진정으로, 실제로 믿는 사람은 신의 감성적인 성질도 거스르지 않는다. 규정성에 의해서 모욕을 느끼는 신은 실존하려는 용기도 힘도 없는 것이다. 실존의 질(質)은 실존의 불, 산소, 소금이다. 실존 일반, 즉 질이 없는 실존은 무의미한 실존이다. 그러나 신 안에는 종교 안에 있는 것 이상은 없다. 오직 인간이 종교에 대해 취미를 잃고, 종교 자체가 무의미해지는 곳에서만 신의 실존은 무미건조한 실존이 된다.

그러나 방금 서술한 직접적인 방법보다는 훨씬 온건한 방법으로 신의 술어를 부인하는 방법도 있다. 신적 본성의 술어가 유한하다는 것, 특히 인간적인 규정이라는 것을 인정하는 이들이 있다. 그러나 그들은 신적 본질의 술어를 거부하지는 않는다. 인간에게는 신에 관해 규정된 개념을 만들 필요성이 있다며 그러한 규정을 보호하기까지 한다. 그리고 인간은 인간이기 때문에 신에 관해서 바로 인간적인 표상 이외의 어떤 표상도 만들 수 없다. 물론 이 규정들은 신과의 관계에 있어서는 의미가 없다. 하지만 신이 나를 위해 존재하는 한 그리고 나를 위해 존재해야 하는 것이라면, 신의 모습은 나에게 보이는 모습대로, 즉 인간의 본질(속성)과 비슷한 본질을 지닌 존재를 넘어선 다른 존재가 될 수는 없다.

그러나 신 자체로서의 존재와 나에 대한 존재로서의 신을 구별하는 것은 종교의 평화를 파괴한다. 게다가 이러한 구별은 그 자체가 근거 없는 구별이다. 나는 신이 자신에게 혹은 자신을 위해, 나를 위해 존재하는 것과는 다른 어떤 것(etwas)인지 아닌지 조금도 알 수가 없다. 나를 위해 존재하는 신이 나에게는 신의 전부이다. 나에게는 신이 나를 위해 존재할 때의 규정 속에 신이라는 존재의 본성이 있다. 신은 나를 위해 존재할 수 있는 모습으로 존재한다. 믿음이 있는 사람은 그가 신과 맺는 관계에 전적으로 만족한다. 그는 신이 그 외에 맺는 관계에 대해서는 아무것도 모른다. 신은 그에게 인간 일반에게 존재하는 바로 그 모습으로 존재하기 때문이다.

이처럼 인간은 그 자체로서의 신과 나를 위한 신을 구별 지을 때 자기 자신을 초월한다. 즉, 자기의 본성, 자기의 절대적 척도를 초월한다. 그러나 이 초월은 단지 환상에 불과하다. 즉, 대상이 실제와는 다른 모습으로 나타날 수 있는 곳에서만, 나는 자체로서의 신이라는 대상과 나를 위해 존재하는 대상을 구별할 수 있다. 그러나 대상이 나의 절대적 척도에 따라 나타나는 것과 같은 모습으로 또는 대상이 나에게 나타나지 않으면 안 되는 모습으로 나타나는 곳에서는, 신 자체와 나를 위한 신을 구별할 수 없다. 확실히 나의 개념은 주관적일 수 있다. 즉, 유(Gattung)와 결부되지 않은 표상일 수 있다. 그러나 나의 표상이 유의 척도에 상응한다면 '자체로서의 존재'와 '나를 위한 존재' 사이의 구별은 없어진다. 왜냐하면 이 표상은 그 자체가 절대적인 표상이기 때문이다. 유의 척도는 인간의 절대적 척도, 법칙, 규준이다. 그러나 종교는 인간이 신에 관한 참된 표상이나 규정을 가지고자 한다면, 종교가 신에게 부여하는 표상이나 규정을 반드시 가져야 하며 또 갖지 않으면 안 되는 표상이나 규정이라고 확신한다. 또한 종교는 신에게 부여하는 표상이 인간성에 필연적인 표상—아니, 객관적으로 신에게 적합한 표상—이라고 확신한다. 어느 종교에서든, 다른 종교의 신들은 그저 신에 관한 표상에 지나지 않는다. 하지만 종교가 신에 관해 가지고 있는 표상은 신 자신이며, 표상하는 신은 진정한 진실한 신, 자체로서 존재하는 신이다. 종교는 숨겨진 것이 없는 전체적인 신에게만 만족한다. 종교는 신의 단순한 현상(Erscheinung)을 원하는 것이 아니다. 신 자신, 신의 인격을 원한다. 종교가 신의 본성을 폐기한다면 그것은 종교가 종교 자체를 폐기하는 것이다. 종교가 만일 참된 신의 소유를 단념한다면 그때 종교는 이미 진리가 아니다. 회의주의는 종교의 큰 적이다. 그러나 대상과 표상 사이의 구별, 신 자체와 나를 위한 신 사이의 구별은 회의주의적 구별이며, 따라서 믿음이 없는 구별이다.

인간에게 자존적 존재의 의미를 갖는 것, 최고의 존재, 인간이 더 이상 높이 생각할 수 없는 존재 ─ 그는 바로 인간에게 신적인 존재이다. 그렇다면 어떻게 인간은 이 대상의 경우 그 자체가 무엇인지 물을 수 있을 것인가? 만일 신이 새(Vogel)에게 대상이라면 신은 날개가 달린 존재로서 대상이 될 것이다. 왜냐하면 새에게는 최고의 존재, 가장 행복한 상태는 날개가 달린 상태이기 때문이다. 그런데 새가 "내가 보는 신은 새다. 그러나 그 자신의 모습이 어떠한지 나는 모른다"고 말하는 일은 생각할 수 없다. 새에게 최고의 존재란 바로 새의 본질이다. 새에게서 이런 개념을 제거한다면 새에게서 최고 존재의 개념을 제거하는 것이다. 어떻게 새가 신 자체의 모습에 날개가 달려 있는지 아닌지 물을 수 있겠는가? 신 자체의 모습이 내가 보는 신과 같은가를 묻는다는 것은 신이 신인지 아닌지를 묻는 것이며, 자신을 자기의 신 위에다 두는 것이고, 신에 대항해서 일어나는 것이다.

종교적인 술어는 의인화된 표현(Anthropomorphismus), 즉 인간적 표상에 불과하다는 인간의 의식(Bewußtsein)이 있는 곳에서는 이미 회의와 불신앙이 신앙을 정복했다. 이 의식으로부터 술어의 형식적인 부인으로 나아가고 또다시 이 부인에서 술어와 관계있는 주어의 부인으로 나아가지 않는다는 것은 비겁한 마음과 나약한 오성에서 오는 철저하지 못한 태도에 지나지 않는다. 만일 우리가 술어의 대상적 진리를 의심한다면 우리는 그들 술어의 주어의 진리성도 의심하지 않으면 안 된다. 만일 술어가 의인화된 표현이라면 그 술어의 주어 역시 의인화된 표현이다. 만일 사랑, 자비, 인격성이 인간적 규정이라면 우리가 전제한 주어, 신의 실존, 일반적으로 신이 존재한다고 하는 신앙 역시 의인화된 표현이고 철저하게 인간적 전제이다.

신에 대한 신앙 일반이 인간적 표상 방법의 한계가 아니라는 것을 우리는 어떻게 아는가? 우리가 가정하는 더 높은 존재는 아마도 그들 자체로 매우 축복받고 있으며 또 그들 자신과 매우 화합(和合)해 있다. 그들은 자신과 더 높은 존재 사이의 긴장을 느끼는 일이 없다. 신을 알면서도 자신은 신이 아니라고 하는 것, 축복을 알면서도 자신은 축복을 누리지 못한다는 것, 이것은 분열이며 불행이다.4 더 높은 존재는 이 불행에 대하여 아무것도 아는 바가 없다. 그러한 존재는 그들 자신이 아닌 것에 대해서는 어떤 표상도 가지고 있지 않다.

우리가 신적 성질로서 사랑을 믿는 것은 우리 자신을 사랑하기 때문이다. 우리가 신을 현명하여 자애로운 존재자라고 믿는 것은 우리 자신이 자비심이나 오성보다 더 좋은 것을 모르기 때문이다. 우리가 신이 실존한다는 것을 믿고 또한 신은 주체(主體) 혹은 본질이

---

4 그러므로 피안에 있어서 신과 인간 사이의 그와 같은 분열도 역시 폐기된다. 피안에 있어서 인간은 이미 인간이 아니다. 그곳에서는 아마도 인간은 단지 상상의 인간에 불과할 것이다. 인간은 신의 의지로부터 구별된 자기 자신의 의지를 조금도 갖지 않는다. 따라서 피안에서는 신과 인간 사이의 구별도 대립도 모두 소멸한다. 그러나 신만이 존재하는 곳에는 이미 신이란 존재하지 않는다. 존엄에 대립하는 것이 존재하지 않는 곳에서는 존엄한 것도 역시 존재하지 않는다.

라는 것을 믿는—실존하는 것은 실체나 인격 혹은 그 외 어떤 것으로 규정되고 특징 지어지더라도 본질이다— 것은 우리 자신이 실존하기 때문이며, 우리 자신이 본질이기 때문이다. 우리는 사랑하거나 자비롭거나 현명한 것보다 더 높은 인간적 선을 알지 못한다. 그와 같이 우리는 실존한다는 것, 주체가 된다는 것보다 더 높은 행복을 알지 못한다. 왜냐하면 모든 선의 의식, 모든 행복의 의식은 본질 의식, 실존 의식에 깊이 관련되어 있기 때문이다. 신은 우리에게 현명한 존재이며, 축복된 존재이며, 자비로운 존재라는 것과 같은 이유로 우리에게 실존자이며 본질이다. 신적 술어와 신적 주체 사이의 구별은 우리에게는 주체, 실존이 의인화된 표현으로 나타나지 않는다고 하는 데 있을 뿐이다. 왜냐하면 그런 본질 속에서는 신이 우리에게 실존자이며 본질이지만, 반대로 신의 성질(술어)은 의인화된 표현으로 나타난다는 필연성이 가로놓여 있기 때문이다. 신성의 필연성, 즉 신이 지혜로우며 선하고 의롭다고 하는 필연성은 인간 존재와 동일한 직접적 필연성이 아니라 인간의 자의식과 사유 활동에 매개된 필연성이기 때문이다. 내가 현명한 사람이든 바보이든 혹은 착한 사람이든 악인이든 나는 주체이며 본질이며 실존한다.

실존한다는 것은 인간에게는 제일의 것이고, 인간의 표상에서는 근본 본질이고, 술어의 전제이다. 그러므로 인간이 신의 술어를 버릴 수 있다 해도, 신의 실존은 인간에게 이미 결정된 것으로 침범할 수 없는 절대로 확실한 대상적 진리이다. 그렇다 할지라도 본질(존재)

과 성질 사이의 구별은 표면적 구별에 지나지 않는다. 주어의 필연성은 다만 술어의 필연성 속에 가로놓여 있다. 우리는 다만 인간적 본질로서만 본질인 것이다. 실존의 확실성과 실재성(Realität)도 우리의 인간적 성질의 확실성과 실재성 속에만 가로놓여 있다. 주어로 하여금 주어이게 하는 것은 술어 안에만 있다. 술어는 주어의 진실(Wahrheit)이다. 주어는 단지 인격화된 술어이며, 실존하는 술어이다. 주어와 술어는 단지 실존과 본질처럼 구별될 뿐이다. 그러므로 술어의 부정은 주어를 부정하는 것이다. 만일 인간적인 본질에서 인간적 성질(Eigenschaft)을 빼버린다면 인간적 본질 속에 무엇이 남을 것인가? 일상 생활어에서조차 사람들은 신적 본질 대신에 섭리, 전지, 전능이라는 신적 성질을 담은 말을 사용한다.

인간에게 신의 실존에 대한 확실성은 대단히 분명해서 사람들은 그것이 인간 자신의 실존보다 더 확실하다고 말하였다. 그 확실성은 오직 신의 성질의 확실성에 의존한다. 다시 말해 그것은 직접적인 확실성은 아니다. 기독교도에게는 기독교적인 신의 실존만이 확실성이며, 이교도에게는 이교적인 신의 실존만이 확실성이다. 이교도는 주피터(Jupiter)의 실존을 의심하지 않았다. 왜냐하면 이교도는 주피터의 본성에서 아무런 거부감도 느끼지 않았기 때문이고, 그 외의 다른 성질에서도 신을 표상할 수 없었기 때문이며, 그 성질이 확실성이고 신적 실재성이었기 때문이다. 단지 술어의 실재성만이 실존을 보증한다.

인간은 참된 것이라고 여기는 것을 곧 현실적인 것으로 표상한다. 왜냐하면 인간에게는 근원적으로 참된 것만이 현실적이기 때문이다. 여기서 말하는 진리란 표상된 것, 몽상된 것, 상상된 것과는 대립하는 의미이다. 존재의 개념 혹은 실존의 개념은 진리의 제일 개념이며 근원적인 개념이다. 혹은 인간은 근원적으로 진리를 실존에 의존시키며, 그 결과로 실존을 진리에 의존시킨다. 신이란 인간의 본성이 최고의 진리로서 직관된 것이다. 그러나 신 혹은 그와 같은 것이지만 종교는 마치 인간이 그의 본성을 파악하여 최고의 존재로서 직관할 때의 규정성이 다양한 것만큼이나 매우 다양하다. 그러므로 인간이 신을 사유할 때 이 규정성은 인간에게는 진리이며, 바로 그 때문에 최고의 실존 혹은 실존 자체이다. 왜냐하면 오직 최고의 실존만이 본래적인 실존이며, 실존이라는 이름에 합당하기 때문이다. 그러므로 규정된 존재라는 같은 이유에 의해 신은 실존하는 현실적인 존재이다. 왜냐하면 신의 성질 혹은 규정성은 인간 자신의 본질적인 성질이나 다름없지만 특정한 인간은 자기의 본성, 실존, 현실성을 규정성 안에서만 가지고 있기 때문이다.

만일 우리가 그리스인에게서 그리스적 특성을 제거한다면 그의 실존을 제거하는 것이 된다. 그러므로 특정한 종교에 대해서 신의 실존에 관한 확실성은 상대적이면서 직접적이다. 왜냐하면 마치 그리스인이 그리스인이라는 사실이 필연적인 일인 것처럼, 그리스인의 신들도 필연적으로 그리스적 존재이며, 필연적으로 실존하는 존재이기 때문이다. 종교란 세계와 인간의 본질에 관한 직관이 인간의 본질과 동일화되는 것이다. 그러나 인간이 자신의 본질적 직관 위에 서 있는 것이 아니라 인간의 본질적 직관이 인간 위에 서 있어 인간을 활기 있게 하고, 규정하고, 지배하기도 한다. 여기서 증명의 필요, 본질 혹은 성질과 실존과의 매개의 필요, 회의(Zweifel)의 가능성이 사라진다. 내가 나 자신의 본질로부터 분리하는 것만이 나에게는 의심해야 하는 어떤 것이 된다.

그렇다면 나는 나의 본질인 신을 어떻게 의심할 수 있겠는가? 나의 신을 의심하는 것은 나 자신을 의심하는 것이 된다. 신을 추상적으로 생각할 때만, 즉 신의 술어가 철학적 추상에 의해서 매개될 때만 주어와 술어, 실존과 본질을 구별하는 일이 생긴다. 실존 혹은 주어(주체)가 술어 이외의 어떤 것이며, 직접적인 것이며, 의심할 수 있는 술어와 구별되는 의심할 수 없는 것이라고 하는 망상이 발생하는 것 역시 이 같은 경우이다. 그러나 그것은 망상에 지나지 않는다. 추상적 술어를 갖는 신은 또한 추상적 실존을 갖는다. 실존이나 존재는 성질이 다양한 만큼 다양하다.

주어와 술어의 동일성은 인간 문화의 발전 과정과 동일한 종교의 발전 과정을 통해 가장 명료하게 알려진다. 인간에게 자연인이라는 술어가 어울리는 한, 인간의 신도 역시 단순한 자연신이다. 인간이 집 안에서 사는 곳에서는 인간의 신들도 역시 신전에 둘러싸여 살게 된다. 신전이란 단지 인간이 아름다운 건물로 인정하는 가치가 나타난 것에 불과하다. 종교의 명예를 위한 신전은 실제로는 건축물의 명예를 위한 전당이다. 인간이 미개와 야만의 상태에서 문화로 올라가면서 인간에게 적합한 것과 적합하지 않은 것이 구별됨에 따라, 신에게 적합한 것과 적합하지 않은 것 사이의 구별이 발생한다.

신은 존엄성의 개념, 최고 위엄의 개념이며, 종교적 감정, 최고의 적절한 감정이다. 후기의 교양 있는 그리스 예술가들은 처음으로 위엄, 영혼의 위대성, 부동의 평정함, 쾌활이라는 개념을 신들의 상에 구상화하였다. 그러나 그들에게 왜 이런 특성이 신의 속성이며 술어가 되었을까? 그들에게는 이런 특성이 신성으로 인정되었기 때문이다. 왜 그 예술가들은 모든 불쾌하고 경멸할 만한 정서를 배제하였던 것일까? 그들은 그러한 것들을 어떤 적합하지 않은 것, 위엄을 손상하는 것, 비인간적인 것, 따라서 비-신적인 것으로 인식하였기 때문이다. 호머(Homer)의 신들은 먹기도 하고, 마시기도 한다. 즉, 음식은 신적인 향락이다. 체력은 호머의 신들이 가진 특성이다. 제우스(Zeus)는 신 중에서 제일 힘이 강한 신이다. 왜 그런가? 체력 자체가 어떤 영광스러운 것, 신적인 것으로 인정되었기 때문이다. 전사의 덕이 옛날 독일인들에게는 최고의 덕이었다. 그러므로 그들에게 최고의 신은 군신 오딘(Odin)이며, 전쟁은 "근본 법률 혹은 최고의 법률"이었다. 최초의 참된 신적 본성은 신의 특성이 아니라 인성의 신성 혹은 신격화이다. 따라서 지금까지 신학이나 철학에 의해 신, 절대자, 실체로 인정되었던 것은 신이 아니다. 그런 것이 아니라 그들에게 신으로 인정되지 않았던 것, 그것이 바로 신이다. 즉, 특성, 성질, 규정성, 현실성 일반이 신이다.

그러므로 참된 무신론자, 즉 보통 의미에서의 무신론자는 오직 신적 본질, 예를 들면 사랑, 지혜, 정의와 같은 술어를 무로 간주하는 사람뿐이고, 이들 술어의 주어를 무로 간주하는 사람이 아니다. 그리고 주어를 부정한다고 해서 반드시 술어 그 자체를 부정하는 것이 아니다. 술어는 그 자체로 독자적-독립적인 의미를 지닌다. 술어는 내용을 통해 인간에게 승인하도록 강요한다. 술어는 자신을 통해 직접 인간에게 참이라는 것을 밝힌다. 술어는 스스로 확증하고 확신한다. 신의 실존이 망상(Chimäre)이라고 해서 선, 정의, 지혜가 망상일 수는 없다. 또 신의 실존이 진리이기 때문에 선, 정의, 지혜가 진리가 되는 것도 아니다. 신의 개념은 정의, 자비, 지혜의 개념에 의존한다. 자비롭지도, 정의롭지도, 지혜롭지도 않은 신은 신이 아니다. 그러나 그 반대는 아니다. 신이 그런 성질을 가지고 있기 때문에 신적(göttlich)이라고 하는 것이 아니라, 그 성질 자체가 신적이기 때문에 신이 그런 성질(Qualität)을 가지는 것이다. 그 성질이 없으면 신은 결함 있는 존재이기 때문이다. 정의, 지혜(일반적으로 신의 신성을 형성하는 규정은 어느 것이나)는 그 자체에 의해 규정되고 인식된다. 그러나 신은 규정, 성질에 의해서 규정되고 인식된다. 내가 신과 정의를 동일한 것으로 생각하고, 신을 바로 나의 정의 혹은 무언가 다른 성질 개념(Idee)의 현실성으로 생각하는 경우에만 나는 신을 신 자신의 의미에 따라 규정하는 것이다. 그러나 만일 신이 주어로서 규정된 것이고 거꾸로 술어나 성질이 규정하는 것이라면, 그때는 제일의 본질의 지위나 신성(Gottheit)의 지위는 실제로 주어가 아니라 술어에 해당하는 것이 마땅하다.

많은 특성, 실은 서로 모순되는 특성이 하나의 본질로 통합되어 이 본질이 인격적인 본질로서 파악되고, 따라서 인격성이 특히 강조될 때 비로소 사람들은 종교의 기원을 잊는 것이며 또 반성의 표상에서 주어로부터 구별 혹은 분리될 수 있는 술어가 근원적으로 참 주어였다는 것을 잊는 것이다. 그래서 로마 사람들이나 그리스 사람들은 속성을 실체로, 기분과 정서를 독립적인 본질로 신격화했다. 인간 특히 종교적인 인간은 자신이 만물의 척도이며, 현실성의 척도이다. 그는 인간에게 외경의 마음을 불러일으키는 것, 인간의 마음에 특별한 인상을 주는 것은 그것이 단지 불가사의한, 증명할 수 없는 음향이라 할지라도 특수한 신적 본성으로 인격화한다. 종교는 세계에 있는 모든 대상을 포괄한다. 존재하는 모든 것은 종교적 존경의 대상이었다. 종교의 본질과 의식 속에는 일반적으로 인간의 본질과 인간 자신과 세계에 관해 가지고 있는 의식 속에 가로놓여 있는 것 이상은 없다. 종교는 배타적으로 갖는 자체의 내용은 조금도 없다. 로마에서는 공포의 정서조차 그를 위한 신전이 따로 있었다. 기독교인들 역시 감정의 현상을 본질로 삼았고, 그들의 감정을 사물의 성질로 삼았으며, 그들을 지배하고 있는 감정을 세계를 지배하는 위력으로 삼았다. 간단히 말하면 그것이 현재 알려진 특성이든 혹은 알려지지 않은 특성이든 그들 자신의 특성을 독립적으로 존재하는 본질로 삼았다. 악마, 요괴, 마녀, 유령, 천사는 종교적 정서가 분열되지 않은 채 인류를 지배하고 있는 한 성스러운 진리였다.

신의 술어와 인간의 술어의 동일성을 염두에 두지 않고 그와 더불어 신적 본질과 인간적 본질의 동일성을 마음에서 추방하기 위해 사람들은 신이 무한히 다양한 술어로 이루어진 무한한 충일이라는 표상(Vorstellung)에 의지했다. 이들 술어 중에서 우리가 현세에서 인식하는 것은 그저 일부분에 불과하고, 실제로 우리와 같은 종류의 것 혹은 우리와 유사한 것뿐이다. 인간적인 본질(혹은 인간과 유사한 본질)과는 전혀 다른 신의 본질이라는 것은 그 이외의 술어에 의한 것이다. 그러한 술어를 우리가 인식하는 것은 미래, 즉 피안의 세계에서 비로소 가능한 일이다. 그러나 실제로는 너무나 다양하므로 한편이 인식되고 조정되는 것과 함께 즉시 다른 편도 인식되거나 조정될 수 없는 많은 술어의 무한한 충일이나 집합은 다양한 존재나 개인의 무한한 충일 혹은 집합 속에서만 실현되고 확보된다. 그와 같이 인간의 본질은 다양한 술어로 이루어져 있는 무한한 부(富)이며, 바로 그 때문에 그것은 다양한 개인의 무한한 풍요를 나타낸다. 새로 태어난 인간은 모두 인류의 새로운 술어이며 새로운 재능이다. 인간이 많으면 많을수록 그만큼 인류는 더 많은 힘, 더 많은 특성을 지니게 된다.

모든 사람 안에 있는 이러한 힘은 어떤 개인도 가지고 있을 것이다. 그러나 그 힘은 각 개인 안에서 다양하게 규정되고 다양하게 형성되어 있으므로 그것은 하나의 독특한 힘으로 나타난다. 그러므로 신에 관해 충만한 술어의 신비란 무한히 다양하고 무한히 규정될 수 있으나, 바로 그 때문에 감성적인 인간 본성의 신비 이외의 다른 것이 아니다. 무한한, 현실적으로 무한한 규정이 풍부한 본질은 단지 감성의 영역 안에서만, 단지 시간 공간 안에서만 존재하는 것이다. 진실로 다양한 술어가 있는 곳에는 다양한 시간이 존재한다.

인간은 탁월한 음악가, 탁월한 저작가, 탁월한 의사이다. 그러나 동시에 연주도 하고, 저작도 하고, 치료도 할 수는 없다. 여러 대립과 모순을 하나의 동일한 본질(Wesen) 속에 결합하기 위한 수단은 헤겔(Hegel)의 변증법이 아니라 시간(Zeit)이다. 그러나 인간의 본성과 구별되고 분리되어 신의 개념과 결합된 무한히 많고 다양한 술어들은 사실상 실체가 없는 개념, 단순한 환상, 감각 세계로부터 도출된 개념에 불과하다. 그러나 실존적 상황이 없고, 실존의 사실성도 없다. 그와 같은 개념은 정신적, 즉 추상적이고 단순한 유일한 존재로서의 신적 존재와는 직접적으로 모순된다. 왜냐하면 신에 관한 술어는 바로 내가 가지고 있는 하나의 술어가 다른 모든 술어를 포함하고 있는 성질의 것이기 때문이다. 왜냐하면 그들 술어 사이에는 어떤 현실적인 구별도 없기 때문이다. 따라서 만일 내가 현재의 술어 속에 미래의 술어를 갖지 않고 또 현재의 신 안에 미래의 신을 갖고 있지 않다면, 그때 나는 미래의 신 안에 현재의 신을 갖지 않으며 오히려 두 개의 다른 존재를 갖게 된다.[5] 그러나 이 차별성이 바로 신의 유일성, 통일성, 단순성에 모순되는 것이다. 왜 수여된 술어가 신에 관한 술어인가? 왜냐하면 그 술어가 신적 성질의 것이기 때문이다. 즉, 그것은 아무 제한도, 아무 결함도 나타내지 않기 때문이다. 그 외의 다른 술어들은 왜 신에 관한 술어인가? 그것들은 그 자체로 아무리 다양하다고 해도 똑같이 완전성과 비구속성을 표현하는 것이 일치하기 때문이다. 그러므로 나는 신에 관한 술어를 무한히 표상할 수가 있다. 그것들은 모두 신성이라는 추상적인 개념과 일치하며, 각개의 술어로 하여금 신적 속성 혹은 술어로 만드는 것을 공통으로 가지고 있음이 틀림없기 때문이다. 스피노자(Spinoza)의 경우가 그러하다.

　스피노자는 신적 실체의 무한히 많은 속성에 관해 말한다. 그러나 사유와 연장 외에는 무엇 하나 이름을 열거하지 않는다. 왜 그런가? 다른 것들을 안다는 것은 중요한 일이 아니기 때문이다. 그것들은 그 자체가 쓸모없는 여분의 것이기 때문이다. 즉, 무수히 많은 술어를 가지고도 결국 두 개의 술어—사유와 연장—에 관해서 말하는 것밖

---

5 종교적 신앙에 있어서 현재의 신과 미래의 신 사이의 구별은, 전자는 신앙, 표상, 상상의 객체(Objekt)이며, 후자는 직접적인, 즉 인격적·감성적인 직관의 객체라고 하는 것에 한한다. 신은 현세에서도 내세에서도 동일하다. 그러나 현세에서는 불명료하지만, 내세에서는 명료한 것이다.

에는 말하지 못하기 때문이다. 왜 사유(思惟)는 실체의 속성인가? 왜냐하면 스피노자에 의하면 그것은 그 자체에 의해 이해될 수 있기 때문이다. 즉, 그것은 어떤 불가분자, 완전자, 무한자를 표현하기 때문이다. 왜 연장이나 물질도 실체의 속성인가? 그것들 또한 자체에 대한 관계에서 사유에서와 같은 것을 표현하기 때문이다. 따라서 실체는 술어에 관한 무한히 많은 술어를 가질 수 있다. 규정성과 차이가 아니라 그것들의 비차이성과 동등성이 술어를 실체의 속성으로 만들기 때문이다. 혹은 오히려 실체가 무한히 많은 술어를 가지고 있는 것은 실체가 본래 어떤 술어도, 어떤 규정된 현실적인 술어도 갖지 않기 때문이다. 얼마나 기이한 일인가!

사상(Gedanke)의 무한한 일자(das Eine)는 상상의 산물인 무한한 다양성에 의해서 보충된다. 술어는 수다한 것이 아니기 때문에 다양(Multa)하다.[6] 진실로 적극적인 술어는 사유와 연장이다. 이 두 술어를 가지고 언표할 수 있는 것은 이름도 없는 무수한 술어를 가지고 언표할 수 있는 것보다도 무한히 많다. 왜냐하면 사유와 연장에 의해서는 어떤 규정된 것이 표현되기 때문이다. 즉, 나는 사유와 연장을 통해 무언가를 안다. 그러나 실체는 어떤 일에 대해 감격한다든가 어떤 것을 결심하기에는 너무 냉정하다. 실체는 어떤 것(etwas)이 아니기 위하여 오히려 무가 된다.

---

6 수다(數多)가 아니라 다양하다(Nicht vieles sondern viele).

그런데 주어 혹은 본질의 본성은 전적으로 주어 혹은 본질의 규정 안에 있다는 것, 즉 술어가 참된 주어라면, 만일 신의 술어가 인간 본성의 규정이라면 신의 술어와 주어도 인간 본성의 주어라는 것 역시 증명된다. 그러나 신에 관한 술어는 한편으로는 일반적인 것이며, 다른 한편에서는 인격적인 것이다. 신에 관한 일반적 술어는 형이상학적인 술어이다. 그러나 형이상학적 술어는 종교에서는 가장 외면적인 결합점 혹은 기초로서만 쓸모가 있을 뿐이다. 형이상학적인 술어가 종교의 특징적인 규정은 아니다. 오직 인격적 술어만이 종교의 본질을 구성한다. 종교에서는 신적 존재가 인격적인 술어 속에서 종교의 대상이 된다. 그와 같은 인격적 술어란 예를 들면 신은 인격이요 도덕적인 율법의 제공자, 인류의 아버지, 거룩한 자, 의로운 자, 선한 자, 자비로운 자라는 것이다. 그러나 이러한 신의 개념 규정에 관련해서 곧 다음과 같은 것이 명백해질 것이다. 혹은 적어도 결국 명백해질 것이다. 이런 규정들은 전적으로 인격적인 규정으로서 순수하게 인간적인 규정이며, 결과적으로 종교적 인간은 신과 관계를 맺을 때 특히 자기 자신의 본성과 관계를 맺는다는 사실이 명백해진다. 왜냐하면 종교에 있어서 이들 술어는 신 자신의 존재와는 구별되는, 인간이 만든 신에 관한 표상이나 심상들(Bilder)이 아니라 진리, 사실, 실재성이기 때문이다. 종교는 의인화된 표현(Anthropomorphismus)에 대해서는 아무것도 알지 못한다. 종교에 있어서 의인화된 표현은 결코 의인화된 표현이 아니다. 종교에 관한 이러한 규정은 신의 본성을 표현한다는 생각이 바로 종교의 본질이다. 오성은 종교를 반성하고 또 종교를 변호하면서도 자기 자신에 직면해서는 종교를 거부하기도 하지만, 이 오성만이 신에 관한 술어를 심상(Bilder)이라고 선언한다.

그러나 종교에 있어서 신은 실제의 아버지, 실제의 사랑, 실제의 자비이다. 왜냐하면 종교에서 신은 현실적이고 살아 있는 인격적인 존재이며, 신의 참 규정은 살아 있고 인격적이라는 규정이기 때문이다. 오성에 최대의 분노를 주는 규정, 오성이 종교를 반성할 때 거부하는 규정이야말로 바로 신의 가장 충만한 규정이다. 종교는 주관적으로는 감정(Affekt)이다. 따라서 종교에서는 객관적으로도 신적 본성의 감정이 필요하다. 종교에서는 노여움조차 신에게 결코 불명예스러운 감정이 아니다. 단 어떤 사악함도 이 노여움의 기초가 되지 않는 한에서 그러하다.

그러나 여기서도 본질적으로 다음과 같은 것을 주의하여야 한다. 본질로 보아, 신이 인간적이면 인간적일수록 외관상 신과 인간 사이의 구별이 점점 더 커진다는 것이다. 다시 말하면 종교에 관한 성찰이나 신학에 의해 신적 본질과 인간적 본질의 동일성이 점점 더 부정되며, 인간의 의식 대상이 되는 인간적인 것은 점점 더 비하된다는 것이다.7 그리고 이 현상은 종교의 가장 내면적인 핵심을 특징짓는

---

7 "조물주와 피조물 사이의 유사성이 아무리 크게 생각된다고 하더라도 그래도 양자 사이의

매우 주목할 만한 현상이다. 그 이유는 이러하다. 인간적인 것만이 신적 존재의 직관 혹은 규정에서 적극적이고 본질적이므로 인간이 의식의 대상인 경우와 같은 인간의 직관은 소극적이어서 인간에게 적대적인 직관에 불과하다는 것이다. 신을 풍부하게 하려면 인간은 빈곤해져야 하고, 신이 온전해지려면 인간은 무가 되어야 한다. 그러나 인간은 자기 자신을 위해서는 아무것도 될 필요가 없다. 왜냐하면 인간이 자신에게서 끌어낸 것은 신에게서 상실되는 것이 아니라 신 안에서 보존되기 때문이다. 인간은 자기의 본질을 신 안에 가지고 있다. 그렇다면 인간이 무엇 때문에 자신 속에 그리고 자신을 위하여 본질을 가질 필요가 있겠는가? 인간이 무엇 때문에 같은 것을 두 번 조정하고, 두 번 가질 필요가 있겠는가? 인간이 자신으로부터 끌어낸 것, 인간이 자기 자신에게는 결여된 것, 인간은 이것을 비교할 수 없을 만큼 높고 풍요롭게 신 안에서 누리는 것이다.

　수도사들은 신에게 순결을 서약하였다. 그들은 자신의 성적인 사랑을 억압하였다. 그러나 그들은 그 대신에 하늘나라에, 신 안에, 성녀 마리아에게서 여인의 상, 사랑의 상을 가지고 있었다. 그들에게

비유사성은 한층 더 크다고 생각되지 않으면 안 된다." Later. Conc. can. Z. (Summa Omn. Conc. Carranza. Antw. 1559), 526. 인간과 신 사이의 궁극의 구별, 일반적으로 유한한 본질과 무한한 본질 사이의 궁극의 구별은 어떤 것과 무(Etwas und Nichts) 사이의 구별, 유(有)와 비유 사이의 구별이다. 왜냐하면 모든 다른 본질과의 공재성(共在性)이 폐기되어 있는 것은 단지 무에 있어서 뿐이기 때문이다. 그런데 종교적이고 사변적인 상상은 그 궁극의 구별에까지도 뛰어오르는 것이다.

는 표상된 이상적인 여인이 현실적인 사랑의 대상이 되는 일이 많으면 많을수록 그만큼 그들은 실재의 여인 없이도 지닐 수 있었다. 그들이 감성의 부정에 큰 의의를 두면 둘수록 그들에게는 하늘나라의 처녀가 그만큼 더 큰 의미를 지녔다. 그들 자신에게 마리아는 그리스도나 신의 자리를 대신하기도 하였다. 감성적인 것이 부정되면 될수록 감성적인 것이 희생으로 바쳐지는 대상인 신은 그만큼 더 감성적이다. 사람들은 신에게 희생으로 바치는 것에 특별한 가치를 두고, 신은 그것에서 특별한 희열을 느낀다. 인간의 의미에서 최고인 것은 당연히 신의 의미에서도 최고의 것이다. 일반적으로 인간의 마음에 드는 것은 신에게도 마음에 드는 것이다. 히브리 사람들은 불결하고 또 자신들이 싫어하는 동물을 여호와(Jehova)에게 바친 것이 아니라 히브리 사람들에게 최고로 가치 있는 동물, 히브리 사람들 자신이 먹던 동물이 신의 음식이었다.[8]

그러므로 사람들이 감성의 즐거움을 부정하여 특수한 제물, 신의 마음에 드는 희생물을 만드는 곳에서는 감성에 최고의 가치가 부여된다. 그리고 그곳에서는 사람들이 돌아보지 않는 감성적 즐거움 대신에 신이 나타난다는 사실에서, 포기된 즐거움은 부지중에 회복되는 것이다. 수녀는 신과 결혼한다. 수녀는 하늘나라의 신랑을 맞이하고, 신부(神父)는 하늘나라의 신부를 맞이한다. 그러나 하늘나라의

---

8 레위기 3:11.

처녀는 종교의 본질에 관한 일반적 진리의 감성적인 현상일 뿐이다. 인간은 자기 자신에게서 부정한 것을 신 안에서 긍정한다.[9]

종교는 인간과 세계를 도외시한다. 그러나 종교는 그것이 현실적이든 혹은 상상적인 것이든 인간이나 세계의 결함과 제한, 공허한 것을 도외시할 뿐 인간과 세계의 본질이나 적극적인 것을 도외시하지는 않는다. 종교는 자신이 도외시하거나 그렇게 했다고 믿는 것을 부정 속에서 또다시 회복시켜야 한다. 이처럼 종교는 의식적으로 부정한 모든 것을 무의식적으로 또다시 신 안에 설정한다. 종교가 그처럼 의식적으로 부정할 때도 종교에 의해 부정된 것은 그 자체가 실제적이고, 참된 것이며, 따라서 부정되어서는 안 된다는 전제가 깔려 있음은 물론이다. 그와 같이 인간은 종교에서 자기의 이성을 부양한다. 인간은 자신이 신이라는 것에 관해 아무것도 알지 못한다. 인간의 사상은 현실적이며 지상적일 뿐이다. 인간은 신이 인간에게 계시한 것을 믿을 수 있을 뿐이다. 그러나 그 대신 신의 사상은 인간적이며 지상적인 사상이다. 신은 인간처럼 머릿속에 계획이 있다. 마치 교사가 학생들의 이해력에 순응하는 것처럼 신은 인간의 환경과

---

9 예를 들면 안셀무스(Anselmus)는 다음과 같이 말하고 있다. "즉, 자기를 경멸하는 사람은 신에게 있어서는 존경되는 것이다. 자기 마음에 들지 않는 사람은 신에게는 마음에 든다. 만일 너희가 신의 눈 속에서 크게 되고 싶다면 너 자신의 눈에서는 적게 되어라! 왜냐하면 너희가 인간에 의해서 경멸되면 될수록 신의 옆에서는 그만큼 존중되기 때문이다." Anselmus, Opp. (Paris, 1721), 191.

오성의 힘에 순응한다. 신은 자신의 선물과 계시의 효과를 엄밀하게 계산한다. 신은 인간의 모든 행동을 관찰한다. 신은 모든 일, 가장 지상적인 것, 가장 비속한 것, 가장 악한 것까지도 알고 있다. 간단히 말하면 인간이 신과의 관계에서 자기 자신의 지식과 사유를 부인하는 것은 자신의 지식과 사유를 신 안에 설정하기 위한 것이다.

인간은 자신의 **인격성**을 포기한다. 그러나 그 대신에 인간에게는 전능하며 제한되지 않는 존재인 신이 인격적인 존재가 된다. 인간은 자신의 명예, 자신의 자아(Ich)를 부인한다. 그 대신에 신은 인간에게 모든 것 속에서 오직 자기만을, 오직 자기의 명예만을, 오직 자기의 이익만을 구하는 이기적이고 자기중심적인 존재이다. 인간은 신을 다른 모든 것을 싫어하는 독특한 아욕의 자기만족이며 이기주의의 자기 향락으로 묘사한다. [10] 더 나아가서 종교는 인간 본성의 성상으로서의 선도 부정한다. 인간은 사악하며, 타락해 있으며, 선할 능력이 없다. 반면에 신은 오로지 선이며, 선한 존재이다. 인간의 본성은 대상화된 선으로서 신의 인격화를 요구한다. 그러나 이것에 의해 선이 인간의 본질적 성향으로서 언표되지 않을 것인가? 만일 내가 절대적으로, 즉 천성적으로, 본질적으로 사악하고 신성하지 않다면 어떻게 신성한 것과 선한 것이 나에게 대상이 될 수 있을 것인가?

---

10 "신은 단지 자기만을 사랑하고, 단지 자기 일만을 생각하며 단지 자기 자신을 위해서만 행할 수 있다. 신은 인간을 만듦으로써 자기의 이익과 명성을 구한다." S. P. Bayle, 『철학사 및 인류사에의 한 기여』.

그런데 나에게 이 대상이 밖에서 주어진 것인가 혹은 안에서 주어진 것인가 하는 문제는 아무래도 상관없는 일이 된다.

만일 나의 심성이 사악하고 나의 오성이 타락해 있다면 어떻게 나는 신성한 것을 신성한 것으로서, 선을 선한 것으로 지각하고 느낄 수 있을 것인가? 만일 나의 정신이 미학적으로 열등하다면 내가 어떻게 아름다운 그림을 아름다운 그림으로 지각할 수 있을 것인가? 비록 나 자신은 화가도 아니고 또 나 자신으로부터 아름다운 것을 산출해낼 능력이 없다고 하더라도 나는 내 외부에 있는 아름다움을 지각함으로써 미적 감정과 미적 오성을 지니는 것이다. 인간에게 선이 전혀 존재하지 않는다면 그만이지만, 만일 존재한다면 인간 본성의 신성함과 자비로움이 인간에게 드러나게 된다. 나의 본성에 철저하게 반대되는 것, 공통성의 유대로 전혀 나와 결합되지 않는 것, 그러한 것을 나는 생각할 수도 없고 감각할 수도 없다. 신성한 것은 나에게 나의 인격성에 대한 대립물로서만 대상이 되지만 동시에 나의 본성과의 통일로서 대상이 된다. 신성한 것은 깊은 죄에 대한 가책이며, 그 신성한 것에서 나는 나 자신을 죄인으로 인식한다. 나는 신성한 것에서 나 자신을 비난하는 반면 내가 실제로 그렇게 존재하는 것은 아니지만 그렇게 존재해야(sollen) 한다는 것 그리고 바로 그 때문에 나의 규정에 따라 본질적으로 그렇게 존재할 수 있다고 인식한다. 왜냐하면 가능성이 없는 당위(Sollen)는 우스꽝스러운 요괴이며 심성에 감동을 주지 못하기 때문이다. 그러나 나는

바로 선을 나의 사명이나 율법으로서 인식하는 것에 의하여 의식적
으로 혹은 무의식적으로 선을 나 자신의 본질로서 인식한다. 본성에
의해 나와 구별되는 다른 본성은 나와는 무관하다. 내가 죄를 죄로
느낄 수 있는 것은 오직 내가 죄를 나와 나 자신과의 모순으로, 즉
나의 인격성과 나의 본질성과의 모순으로 느끼는 때에 한한다. 다른
존재로 생각되는 신적 본질과의 모순으로서 죄악감은 증명 불가능
하며 또한 무의미하다.

아우구스티누스주의(Augustianismus)와 펠라기우스주의(Pelagiani-
smus)의 차이는 단지 후자가 합리주의의 유형으로 표현하는 것을
전자는 종교의 유형으로 표현한다는 것뿐이다. 양자(兩者)는 같은
것을 말하며, 똑같이 선을 인간에게 귀속시킨다. 그러나 이것을 펠라
기우스주의는 직접적으로 합리주의적-도덕적 형식으로 말하고, 아
우구스티누스주의는 간접적으로 신비적, 즉 종교적 형식으로 말한
다.11 왜냐하면 양쪽 모두가 똑같이 인간에게 선을 귀속시키고자

---

11 펠라기우스주의는 신을 부정하고 종교를 부정한다. "…그들은 인간의 의지에 매우 많은
힘을 부여하며 경건한 사람들에게서 기도하는 마음을 약화시킨다." 아우구스티누스, 『펠
라기우스를 반박하여 자연과 은총에 관하여 논하다』(*Augustin de Nat. et Grat. cont.
Pelagium*), c. 58. 펠라기우스주의는 단지 조물주, 즉 자연을 기저로서 가지고 있을 뿐이며,
구주, 즉 종교적 신을 가지고 있지 않다. 간단히 말하면 펠라기우스주의는 신을 부인한
다. 그러나 펠라기우스주의는 그 대신에 인간을, 신을 필요로 하지 않는 자기 충족적인,
독립적인 본질로 만듦으로써 인간을 높여 신으로 삼는다(이 점에 대해서는 아우구스티누
스의 같은 저서 제33장 및 루터가 에라스무스[Erasmus]에 반대한 곳을 참조하라). 아우구
스티누스주의는 인간을 부인한다. 그러나 그 대신에 신을 인간에로 저하시키고 인간을

하며, 인간의 신에게 부여되는 것은 실제로 인간 자신에게 부여되는 것이고, 인간의 신에 관해서 단언하는 것은 실은 자기 자신에 관해서 단언하는 것이기 때문이다. 다만 인간이 악마를 자기의 신으로 섬기고, 악마를 악마로 의식하면서 자기의 최고 존재로서 존경하고 찬미할 때만 아우구스티누스주의가 진리가 되고, 펠라기우스주의와 대립되는 진리가 된다. 그러나 인간이 선한 존재를 신으로 존경하는 한, 인간은 신 안에서 자기 자신의 선한 본성을 직관하는 것이다.

　인간성의 근본적 타락에 관한 교리에 관해 말하자면, 인간은 어떤 선도, 실제로 어떤 일도 자기 자신의 힘으로는 행할 수 없다는 교리와 다를 바 없다. 인간의 힘과 자발적-도덕적 활동을 부정하는 것은 인간이 신 안에서도 도덕적 활동을 부정하고, 동양의 허무주의자 혹은 범신론자와 같이 신적 존재란 절대적으로 의지와도 행위와도 무관한 존재, 선과 악의 구별에 대해서도 아무것도 모르는 존재라고 말할 때만 타당하다. 그러나 신을 활동적인 존재, 활동적일 뿐만 아니라 도덕적으로 활동적이며 도덕적으로 비판적인 존재로서 규정하는 사람—선을 사랑하고, 선을 행하고, 선에는 보상하고, 악을

위해서는 십자가의 처형이라는 굴욕까지 받게 한다. 펠라기우스주의는 인간을 신의 지위에 놓고, 아우구스티누스주의는 신을 인간의 지위에 놓는다. 양자의 귀결은 같다. 구별은 단지 가상이며, 경건한 환상에 불과한 것이다. 아우구스티누스주의는 단지 뒤집어진 펠라기우스주의에 지나지 않는다. 펠라기우스주의가 주체로서 조정한 것을 아우구스티누스주의는 객체로서 조정하는 것이다.

벌하고, 악을 거부하고, 악을 힐난하는 존재로서 규정하는 사람—은 단지 외관적인 인간의 활동을 부인할 뿐, 실제로는 인간의 활동을 최고이며 가장 확실한 활동으로 만드는 것이다. 신을 인간적으로 행위하게 하는 사람은 인간적 활동을 신적 활동이라고 확언하는 것이다. 그는 활동적이 아닌 신 그리고 도덕적으로 혹은 인간적으로 활동하지 않는 신은 신이 아니라고 말한다. 그러므로 그는 신성의 개념을 행위의 개념에 의존시킨다. 그때 그는 인간적 활동을 염두에 두는 것이다. 왜냐하면 그는 인간적 활동보다 더 높은 활동을 알지 못하기 때문이다.

　인간은 자기의 본성을 대상화하고, 또다시 자신을 이처럼 대상화되어 주체나 인격으로 전화한 존재의 대상으로 삼는다.[12] 이것이 종교의 비밀이다. 인간은 자신을 사유하고, 자신에게 대상이 된다. 그러나 인간이 자신에게 대상이라는 것은 대상의 대상, 즉 다른 존재의 대상으로서 대상이다. 지금 이 경우가 바로 그와 같다. 인간은 신에게 대상이 된다. 인간이 선한가 악한가 하는 것이 결코 신에게 무관할 수 없다. 신은 인간이 선하다는 것에 강렬한 관심을 두고

---

12 인간의 근원적인 자기 대상화인 종교적인 자기 대상화는 확실히 반성이나 사변의 자기 대상화와 구별되어야 한다. 그리고 이것은 이 책에서 충분히 명백하게 언명되어 있다. 반성이나 사변의 자기 대상화는 자의적인 것이지만, 종교의 자기 대상화는 자의적이 아니고 필연적인 것이다. 마치 종교적 자기 대상화의 필연성은 예술이나 언어의 필연성과 같은 것이다. 때가 감에 따라 물론 신학은 끊임없이 종교에 일치하게 된다.

있다. 신은 인간이 선하고 행복해지기를 원하고 있다. 왜냐하면 신은 자애 없이는 행복도 없기 때문이다. 이처럼 종교적인 인간은 인간 행위의 무의미성을 철회한다. 즉, 인간이 자기의 성향과 행위를 신의 대상으로 삼고, 인간을 신의 목표로 삼으며,─정신의 대상은 행위에 그 목적이 있으므로─ 신의 행위를 인간 구원의 수단으로 삼음으로써 인간 행위에 의미를 부여한다. 신이 행위하는 것은 인간이 선하고 행복해지도록 하려는 것이다. 이처럼 인간은 외관적으로는 가장 낮게 천시받는 듯하지만 실은 가장 높게 올려진다. 인간은 신 안에서 그리고 신을 통해서만 자신의 모습을 본다. 확실히 인간이 신 안에 자기 행위의 목표를 두는 것은 사실이다. 그러나 그 행위의 목표를 인간의 도덕적이고 영원한 구원 이외의 다른 곳에 두지 않는다. 그러므로 인간은 사실 자기 자신 이외의 다른 목표가 없다. 신의 행위는 인간의 행위와 구별되지 않는다.

만일 신의 행위가 인간의 행위와는 다른 행위, 본질적으로 차이가 있는 행위라면 그것이 어떻게 나를 대상으로 내 안에서 작용할 수 있겠는가? 만일 신의 행위 그 자체가 인간의 행위가 아니라면 신의 행위가 어떻게 인간적인 목표, 즉 인간을 선하게 하고 행복하게 하는 목표를 가질 수가 있겠는가? 목표는 행위를 규정하지 않는 것일까? 만일 인간이 도덕적인 개선을 자신의 목표로 설정한다면 인간은 신적 결단과 신적 기도를 지닌 것이다. 그러나 신이 만일 인간의 행복을 목표로 삼는다면 신은 인간적 목표를 가지고 이 목표에 상응하는 인간적 행위를 갖고 있는 것이다. 이처럼 인간은 신 안에서 자신의 행위를 하나의 대상으로 간주하게 된다. 그러나 인간은 바로 자기의 행위를 자신과 구별되는 대상적 행위로서 직관하며, 선을 오직 대상으로서 직관하기 때문에 필연적으로 충동과 동기를 자기 자신으로부터 받지 않고 그 대상(선)으로부터 받는다. 인간은 자신의 본성을 자기 외부에서 찾고 이 본성을 선으로 생각한다. 그러므로 선행에 대한 충동이 오직 그가 선하다고 하는 곳에서만 나타나는 것은 자명하고, 이는 동어반복(Tautologie)에 불과하다.

신은 인간 자신으로부터 추상화된 최고의 주체성이다. 그러므로 인간 자신은 아무것도 할 수 없고, 모든 선은 신에게서 나온다. 신이 주체가 되면 될수록 인간은 자신의 주체성을 더욱 상실한다. 왜냐하면 신 자체가 인간이 포기한 인간 자신이고, 그 포기한 자신을 다시 소유한다고 자신에게 변명하기 때문이다. 동맥의 활동은 혈액을 가장 외부까지 보내고, 정맥의 활동은 혈액을 다시 내부로 끌어들인다. 생명 또한 일반적으로 끊임없는 심장 수축과 이완을 통해 존립한다. 종교 또한 이와 같다. 종교적 심장 수축에 있어서 인간은 자기 자신의 본성을 자신으로부터 몰아내고, 자기 자신을 밖으로 내던진다. 종교적 심장 이완에 있어서 인간은 일단 거부된 본성을 또다시 자기의 심장 속으로 받아들인다. 오로지 신만이 스스로 행위하는 존재가 된다. 이것이 종교적인 거부력의 작용이다. 신은 내 안에서, 나와 함께, 나를 통하여, 내 위에, 나를 위하여 행위하는 존재이다.

신은 나를 구원하는 원리이며, 나의 선한 성향과 행위의 원리이며, 결국 나 자신의 선한 원리이고 본성이다. 이것이 종교적 견인력의 작용이다.

위에서 일반적으로 서술된 종교의 발전 과정은 특히 인간이 점점 더 신을 거부하고 자기 자신을 점점 더 승인한다는 데 있다. 처음에 인간은 만물을 구별 없이 자기의 외부에 설정한다. 이것은 특히 계시의 신앙 속에 나타난다. 후세대 혹은 문화가 발달한 민족에게는 자연이나 이성에 의해 주어지는 것이 전(前)세대 혹은 아직 문화가 발달하지 못한 민족에게는 신에 의해 주어지는 것이다. 이스라엘 사람들은 인간이 가지고 있는 모든 자연적 충동 역시―그뿐만 아니라 청결에의 충동조차― 적극적인 신적 명령으로 생각하였다. 이러한 예에서 다시 인간이 우리 자신을 거부하면 할수록 신은 바로 그만큼 낮아지며 평범한 인간 유형이 된다는 것을 알 수 있다. 인간이 가장 상식적인 예의의 요구조차 자발적으로 완수할 능력을 상실할 때보다 인간의 겸손이나 자기 부인이 더 멀리 나아갈 때가 있겠는가?[13]

이에 반해서 기독교는 인간의 충동이나 열정을 그들의 성질이나 내용에 따라 구별한다. 기독교는 선한 열정, 선한 성향, 선한 사상만을 신의 계시, 신의 역사, 즉 신의 성향, 신의 열정, 신의 사상으로 표현했다. 왜냐하면 신이 계시하는 것은 신 자신의 규정이기 때문

---

13 신명기 23:12-13.

이다. 마음에 가득 찬 것은 말이 되어 나오고, 원인은 결과와 같은 종류의 것이며, 자기를 계시하는 존재는 계시와 같은 종류이다. 오직 선한 심성 안에서 자기를 계시하는 신은 그 자신의 도덕적 완전만을 자기의 본질적 특성으로 가지고 있는 신이다. 기독교는 내면적-도덕적 청정을 육체적 깨끗함과 구별한다. 이스라엘의 종교는 양자를 동일시하였다.[14] 기독교는 이스라엘의 종교와는 반대로 비판과 자유의 종교이다. 이스라엘 사람은 신에 의해 명해진 것 이외는 아무것도 해낼 용기를 가지고 있지 않았다. 이스라엘 사람은 외면적인 일에서조차 자기 자신의 의지라곤 없었다. 종교의 위력이 음식물에 관한 일에까지 뻗쳐 있었다. 이와 반대로 기독교는 이 모든 외면적 일들에서 인간을 자신에게 의존하게 했다. 즉, 기독교는 이스라엘 사람이 자기 외부인 신 안에 놓았던 것을 인간 안에 놓았다. 이런 의미에서 실증주의(Positivismus)이 가장 완결되어 나타난 것이 이스라엘이다. 이스라엘 사람에게 기독교도는 교양을 믿지 않는 사람(esprit fart)이며 자유사상가이다. 사물은 그와 같이 변한다. 어제까지도 여전히 종교였던 것이 오늘은 이미 그렇지 않다. 그리고 오늘 무신론으로 인정된 것이 내일은 종교로 인정된다.

---

14 예를 들면 창세기 35:2 및 레위기 11:44, 20:25를 참조하라.

3장
오성의 본질로서의 신

종교는 인간의 자기 분열이다. 즉, 종교에서 인간은 인간에게 대립하는 존재로서 신을 정립시킨다. 신의 본성과 인간의 본성은 상반한다. 신은 무한한 존재이고, 인간은 유한한 존재이다. 신은 완전하고, 인간은 불완전하다. 신은 영원이고, 인간은 일시적이다. 신은 전능하고, 인간은 무력하다. 신은 신성하고, 인간은 죄 깊다. 신과 인간은 양극이다. 신은 전적으로 긍정적이며 모든 실재성(Realität)의 총체이고, 인간은 전적으로 부정적이며 모든 허무성의 총체이다.

그러나 인간은 종교 안에서 자기의 잠재된 본질을 대상화한다. 그러므로 종교는 신과 인간의 대립-갈등에서 시작되며, 그와 같은 대립-갈등은 인간과 인간 자신의 본질과의 갈등이라고 증명되어야 한다.

만일 실제로 종교의 대상인 신적 본질(존재)이 인간의 본질과 다른 본질이라면 분열과 갈등은 전혀 일어나지 않을 것이다. 신과 인간의 갈등은 인간의 본질과 인간과의 갈등이라는 증명이 갖는 내적 필연성은 이미 여기서 생겨난다. 만일 신이 실제 인간의 본질과는 다른 본질(존재)이라면 신의 완전성은 나와 무슨 상관이 있을까? 분열은 서로 모순되면서도 하나(eins)여야 하고 또 하나(一)가 될 수 있는, 따라서 진실로 하나(一)인 본질 속에서만 발생하는 것이다. 그러므로 이와 같은 일반적인 근거에서 인간은 자신과 분열된다고 느끼는 본질은 인간에게 생득(生得)한 본질이어야 한다. 그러나 동시에 이 본질은 인간에게 신과의 화해와 통일, 말하자면 인간 자신과의 화해와 통일의 심성이나 의식을 부여하는 본질 혹은 힘으로서, 인간과는 성질(Beschaffenheit)을 달리하는 본질이 아니면 안 된다.

이 본질은 지성—이성 혹은 오성— 이외의 다른 것이 아니다. 인간의 대극으로서의 신, 즉 인격적으로 인간적인 본질이 아닌 것으로서 사유되는 신은 오성의 본질이 대상화된 것이다. 순수하고 완전하고 결함이 없는 신적 본질은 오성의 자의식이며, 오성이 자기 자신의 완전성에 대해 가지고 있는 의식이다. 오성은 심정의 고뇌에 대해서는 아무것도 모른다. 오성은 심정과 달리 욕망이나 정열이나 욕구를 전혀 갖지 않는다. 그리고 바로 그 때문에 결함이나 약점을 갖지 않는다. 순수한 오성인이란 비록 일면적인 규정성을 통해서일지라도, 바로 그 때문에 특징적인 규정에서 우리에게 오성의 본질을 상징화하고 인격화하는 인간이다. 이런 순수한 오성인들은 감정인이 가지고 있는 정의적인 고뇌나 열정이나 무절제에서 해방된다. 순수한 오성인들은 어떤 유한한, 즉 한정된 대상에도 정열적으로 열중하는 일이 없다. 그들은 자기를 **인질**로 하는 일이 없다. 그들은 **자유**이다. "아무것도 욕구하지 않으며, 그리고 이 무욕구에 의해서 불사(不死)의 신들과 동일해진다", "자기를 사물에 복종시키는 것이 아니라 사물을 자기에게 복종시키는 것이다", "모든 것은 공허하다", 이러한 것들 그리고 이와 유사한 표현이 추상적인 오성인들의 모토(Motto)이다.

오성은 우리 안에서 중성적이고 무관심하고 청렴하고 기만되지 않은 본질이며, 지성의 순수한 정의(情意)에 의해 흐려지지 않는 빛이다. 오성은 사상 그 자체(die Sache als Sache)의 단언적이며 공평한 의식이다. 왜냐하면 오성은 그 스스로 객관적인 성질을 갖기 때문이다. 오성은 또한 모순이 없는 의식이다. 왜냐하면 오성은 그 스스로가 모순이 없는 통일이며, 논리적 동일성의 원천이기 때문이다. 오성은 또한 법칙, 필연성, 규칙, 척도의 의식이다. 왜냐하면 오성은 그 스스로가 법칙이며, 활동이며, 자기 활동으로서의 사물의 본성의 필연성이며, 규칙의 규칙이며, 절대적 척도이며, 척도의 척도이기 때문이다. 오성의 신, 법칙, 필연성, 법이 그렇게 명한다면, 인간은 자기의 가장 소중한 인간적, 즉 개인적 감정과 모순되게 판단하거나 행동할 수 있다. 이는 오직 오성에 의해서만 가능하다. 아버지가 자기 아들을 유죄로 인정하고 재판관으로서 아들에게 사형 선고를 내리는 것은 오성인으로서만 가능할 뿐이며, 감정인으로서는 불가능한 것이다. 오성은 우리에게 우리의 사랑하는 사람들의 결점이나 약점들까지도 보여 주며, 우리 자신의 결점이나 약점들까지도 드러낸다. 그러므로 오성은 매우 자주 우리를 우리 자신, 즉 우리 심정과의 괴로운 충돌로 내던진다.

우리는 오성에게 양보하기를 원치 않는다. 우리는 관용과 배려에서 오성이 내리는 바르지만 엄격하고 냉혹한 판단을 수행하고 싶어 하지 않는다. 오성은 본래 유(Gattung)의 능력이다. 심정은 특수한 사정, 즉 개인을 대표하고, 오성은 일반적인 사정, 즉 전 인류를 대표한다. 오성은 초인간적인 인간 안에 있는 초개인적-비개인적인 힘 혹은 본질이다. 인간은 자기 자신을, 즉 자기의 주관적이고 개인적인 본질을 사상하고, 자기를 일반적인 개념이나 관계로 높이며, 대상을 대상이 심정에 부여하는 인상으로부터 구별하고, 대상을 그 자체에 있어서(인간에 대한 관계를 떠나서) 고찰하는 힘을 갖는다. 그러나 그것은 오직 오성을 통해서이며 또한 오성 안에서만 가능하다.

철학, 수학, 천문학, 물리학, 간단히 말해 과학 일반은 실제로 무한하며 이러한 활동의 산물이므로 이 활동을 증명한다. 그러므로 종교적인 의인설도 오성에 모순된다. 오성은 신에게서 의인적 성질을 인정하지 않으며, 그것을 부정한다. 그러나 이런 의인적 성질로부터 해방된 공평하고 무감동한 신은 바로 오성 자신의 대상적 본질

이외의 다른 것이 아니다.

신으로서의 신, 즉 유한하지 않은 본질, 인간적이 아닌 본질, 물질적으로 규정되지 않은 본질, 감성적이 아닌 본질로서의 신은 단지 사유(思惟)의 대상일 뿐이다. 신은 비감성적인 본질, 형태 없는 본질, 파악하기 어려운 본질, 형상 없는 본질이며, 추상적이고 부정적인 본질이다. 이와 같은 신은 단지 추상과 부정에 의해서만 인식된다. 즉, 대상이 될 뿐이다. 왜 그런가? 신은 사유력 혹은 일반적으로 인간으로 하여금 이성이나 정신이나 지성을 의식하게 하는 힘 혹은 활동(사람들은 부르고 싶은 이름으로 불러도 좋다)의 대상적 본질 이외의 다른 것이 아니기 때문이다. 인간은 인간을 계발하여 인간 안에서 활동하는 지성 이외의 어떠한 정신도, 즉 그 이외의 어떠한 지성도 믿거나 감지하거나 표상하거나 사유할 수 없다. 왜냐하면 정신의 개념은 전적으로 사유의 개념, 인식의 개념, 오성의 개념이며, 그 이외의 정신은 모두 공상의 유형이기 때문이다. 인간은 지성을 자신의 개체로서의 제한에서 분리할 수 있을 뿐이다. 그러므로 유한한 정신에서 구별된 **무한한 정신**이란 개인성과 육체성(왜냐하면 개인성과 육체성과는 불가분이기 때문이다)의 제한에서 유리된 지성, 즉 그 자체에 있어서 조정 혹은 사유된 지성 이외의 다른 것이 아니다.

신은 비물질적인 본질이며, 지성이며, 정신이며, 순수 오성이라고 스콜라 철학자들, 교부들 그리고 그들보다 훨씬 앞서 이미 이교적인 철학자들이 말했다. 신으로서의 신에 관해서 사람들은 어떤 심상도 만들 수 없다. 우리는 오성이나 지성에 관한 심상(형상)을 만들 수 있는가? 그것들은 형태를 가지고 있는가? 오성이나 지성의 활동은 가장 파악하기 어려운 활동이며 가장 표현하기 어려운 활동이 아닌가? 신은 이해하기 어렵다. 우리는 지성의 본질을 알고 있는가? 우리는 사유의 비밀에 찬 조작이나 자의식의 신비적인 본질을 탐구하였는가? 자의식은 수수께끼 중의 수수께끼가 아닌가? 이미 옛날의 신비주의자들이나 스콜라 철학자들이나 교부들이 신의 본질을 파악하기 어려움과 표현하기 어려움을 인간 정신의 파악하기 어려움과 표현하기 어려움을 설명했고 비교한 것이 아닌가? 따라서 그들이 실제로 신의 본질과 인간의 본질을 동일시한 것은 아닌가?[1]

신 그 자체는 단지 사유할 수 있는 본질, 이성의 대상적인 본질이며, 이성적인 대상 이외의 다른 것이 아니다. 오성 혹은 이성이란 무엇인가를 우리에게 말해 주는 것은 신뿐이다. 모든 것은 자기를 언표해야 하고, 자기를 현시해야 하며, 자기를 대상화해야 하며, 자기를 긍정하지 않으면 안 된다. 신은 자신을 최고의 본질로 언표하

---

1 아우구스티누스가 아직 어느 정도 이교도였을 때 쓴 그의 저서 『아카데미의 학자를 공박한 다』(Contra Academicos), lib. III. C. 12에서 인간의 최고선은 정신 혹은 이성 안에 존재한다고 말하고 있다. 이와 반대로 그가 탁월한 기독교적 신학자로서 쓴 『정정』(Libr. Retracta-tionum), lib. I. C. I에서 그는 이 표현을 다음과 같이 비판하고 있다. "더 바르게 말한다면 인간의 최고선은 신 안에 존재한다고 말해야 했던 것이다. 왜냐하면 정신은 복되기 위하여 신을 자기의 최고선으로서 향유하기 때문이다. 그러나 대체 이것에 의하여 어떤 구별이 설정된 것일까? 나의 최고선이 있는 곳에 비로소 나의 본질이 있는 것이 아닌가?"

는 이성이며, 자신을 최고의 본질로 긍정하는 이성이다. 상상에 있어서 이성은 신의 계시 그 자체 혹은 신의 하나의 계시이지만, 이성에 있어서는 신이 이성의 계시이다. 왜냐하면 이성의 본성과 능력은 신 안에서 비로소 대상이 되기 때문이다. 신은 사유의 요구이며, 필연적인 사상이며, 최고도의 사유력이다. "이성은 감성적인 사물과 본질 옆에는 머물러 있을 수 없다." 이성은 최고의 본질, 제일의 본질, 필연적인 본질, 단지 이성에서만 대상적인 본질로 귀환하여 비로소 만족하는 것이다. 그것은 왜 그런가? 이성은 그런 본질과 만나서 비로소 자신을 완성하기 때문이다. 그리고 또 최고 본질의 사유 안에서 비로소 이성의 최고 본질이 조정되어 사유 능력과 추상 능력의 최고의 단계가 획득되기 때문이다. 그리고 우리가 어떤 능력의 최후의 단계에, 즉 우리가 그것보다 더 큰 것을 생각할 수 없는 것(quo nihil majus cogitari potest)에 도달하지 않는 한, 우리에게 생득인─이 예술 혹은 저 예술을 위한, 이 과학 혹은 저 과학을 위한─능력을 최고의 완성에까지 다다르게 하지 못하는 한, 우리는 일반적으로 우리 안에 간극, 공허, 결함을 느끼며, 따라서 불행하며 불만족하기 때문이다. 오직 예술의 최고의 완성만이 비로소 예술이기 때문이며, 오직 최고도의 사유만이 비로소 사유이며 이성이기 때문이다. 엄격하게 말하면 우리가 신을 사유하는 곳에서만 우리가 진실로 사유한다고 말할 수 있다. 신만이 비로소 실현된 사유력, 충실된 사유력, 천착된 사유력이기 때문이다.

그러므로 당신이 신을 사유함으로써 비로소 진실한 그대로의 이성을 사유하는 것이다. 우리가 비록 상상력을 매개로 하여 이 본질을 또다시 이성에서 구별된 것으로 표상할지라도 마찬가지이다. 우리는 감성적인 본질로서 언제나 직관의 대상, 현실적인 대상을 대상의 표상에서 구별하는 것에 익숙해 있기 때문에 신을 이성에서 또다시 구별하여 표상하는 것이다. 우리는 지금 상상력을 매개로 하여 이 습관을 이성적 본질로 전이하고, 그리하여 우리가 빼버린 감성적 실존을 이성적 실존이나 사상적 존재로 재차 역(逆)으로 밀어 넣는 것이다.

형이상학적 본질로서의 신은 자기 자신에게 만족하는 지성이다. 혹은 역으로 자기 자신에 만족하는 지성, 자기를 절대적 본질로 사유하는 지성이 형이상학적 본질로서의 신이다. 그러므로 신의 모든 형이상학적인 규정들은 그것이 오직 사유 규정으로 인식되고 지성이나 오성의 규정으로 인식될 때만 현실적인 규정이다.

오성은 **원본적-원초적** 본질이다. 오성은 만물을 제1원인인 신으로부터 도출한다. 오성은 오성적 원인 없이는 세계가 무의미하고 무목적인 우연에 맡겨져 있다고 생각한다. 즉, 오성은 단지 자신, 자기의 본질 안에서만 세계의 근거와 목적을 발견한다. 오성은 세계의 현존재(Dasein)를 모든 명석하고 판명한 개념으로부터, 즉 오성 자체로부터 설명할 때만 세계의 현존재가 명석하고 분명하다고 믿는다. 오성으로서는 단지 의도를 가지고 목적에 따라, 즉 오성을 가지고 작용하는 본질만이 직접으로 자기 자신에게 명백하고 확실한 본질이며, 자기 자신의 기초가 되는 본질이고, 참된 본질이다.[2] 그러므로 그 자체로 아무 의도도 갖지 않은 본질은 현존재의 근거를 다른 오성적인 본질 안에 지녀야 한다. 이처럼 오성은 자기의 본질을 원본적인 본질, 제일본질, 전 세계적인 본질로 정립한다. 즉, 오성은 순위로는 자연의 최초의 본질이지만, 시간상으로는 자연의 최후의 본질이 되는 자신을 시간상으로도 최초의 본질이 되게 한다.

오성은 스스로에게는 모든 실재성의 규준이고, 모든 현실성의 규준이다. 오성을 결하고 있는 것은 자기에게 모순되는 것이며 무이다. 이성에 모순되는 것은 신에게 모순된다. 예를 들면 최고 실재의 개념과 시간성이나 장소의 제한을 결부시키는 것은 이성에 모순된다. 그러므로 이성은 시간성이나 장소의 제한이 신의 본질에 모순되는 것들을 신에 대해서도 부정한다. 이성은 다만 이성의 본질과 일치하는 신, 이성의 권위 이하의 신이 아니라 오히려 이성의 본질을 표현하는 신만 믿을 수 있다. 즉, 이성은 단지 자기를, 자기 자신의 본질의 실재성과 진리성만 믿을 수 있을 뿐이다. 이성은 자신을 신에게 의존시키는 것이 아니라 신을 이성에 의존시킨다. 기적을 믿는 권위 맹신의 시대에 있어서까지 오성은 적어도 형식적으로는 자기

---

[2] 여기서 "오성에 있어서"라고 말하는 것은 자명한 것이기는 하지만 "여기서 고찰되는 오성에 있어서"라는 뜻이다. 즉, "감성으로부터 분리되고 자연으로부터 소외된 유신론적 오성에 있어서"라는 뜻이다.

를 신성의 규준으로 만들었다. 신은 그의 무한한 전능의 힘 때문에 모든 것이며 또한 모든 것을 이룰 수 있다고 말해졌다. 한편 신은 자신에게, 즉 이성에 모순되는 어떤 것도 아니며 또 모순되는 어떤 일도 할 수 없다. 비이성적인 것은 전능도 이룰 수 없다. 그러므로 신적인 전능은 이성의 더 높은 힘 위에 자리하고 있다. 오성의 본질은 긍정되어야 하는 것과 부정되어야 하는 것의 규준, 적극적인 것과 소극적인 것과의 규준으로서 신의 본질 이상이다. 우리는 비이성적이고 열정적인 본질인 신을 믿을 수가 있는가? 결코 그럴 수 없다. 그렇다면 왜 그런가? 열정적이고 비이성적인 본질을 신적 본질로 가정한다는 것은 우리의 오성에 모순되기 때문이다.

그렇다면 우리는 신 안에서 무엇을 긍정하고 무엇을 대상화할 것인가? 우리가 신 안에서 긍정하고 대상화하는 것은 우리 자신의 오성이다. 신은 우리의 최고의 개념, 오성이며 우리의 최고의 사유 능력이다. 신은 "모든 실재성의 총체", 즉 모든 오성 진리의 총체이다. 내가 오성 안에서 본질적인 것으로 인식하는 것을 나는 신 안에 존재하는 것으로 정립한다. 신은 오성이 최고의 것이라고 사유하는 것이다. 그러나 내가 본질적인 것으로 인식하는 것 안에서 나의 오성의 본질이 계시되고, 나의 사유 능력의 힘이 나타난다.

오성은 이처럼 가장 실재적인 존재, 옛날의 존재론적 신학에서 말하는 가장 실재적인 본질이다. "근본적으로 우리는, 우리가 우리 자신에게서 발견하는 모든 실재적인 것을 제한이 없는 신의 권능

탓으로 돌리지 않고서는 달리 신을 감지할 수가 없다"고 존재론적 신학은 말한다.[3] 그러므로 우리의 적극적-본질적 특성, 우리의 실재성이 신의 실재성이다. 그러나 차이는 다만 그것들이 우리 안에서는 제한과 함께 있으나 신 안에서는 제한 없이 존재한다는 것이다. 그러나 대체 누가 실재성으로부터 제한을 철거한다든가 제거한다는 것인가? 그것은 오성이다. 따라서 모든 제한 없이 생각되는 본질은 모든 제한된 본질을 빼버리고, 없는 것으로 생각하는 오성의 본질 이외의 무엇이란 말인가? 우리는 신을 생각하는 것과 같은 방법으로 우리 자신을 생각한다. 즉, 우리가 생각하는 신의 척도는 우리의 오성의 척도이다.

만일 우리가 신을 제한된 것으로 생각한다면 우리의 오성이 제한되어 있는 것이다. 만일 우리가 신을 제한되어 있지 않은 것으로 생각한다면 당신의 오성 역시 제한되어 있지 않다. 예를 들면 만일 우리가 신을 육체적인 본질로 생각한다면 그때는 육체성이 당신의 사유에 미치는 한계이자 제한이며, 우리는 육체 없이 아무것도 생각할 수 없는 것이다. 이와 반대로 만일 우리가 신에게서 육체성을 부정한다면 그때 우리는 그로써 우리의 오성이 육체성이라고 하는 제한에서 자유로워져 있음을 보증하고 확증하는 것이다. 우리는

3 칸트, 『철학적 종교론 강의』(*Vorlesungen über die philosophiesche Religionslehre*) (Leipzig, 1817), 39.

제한되지 않은 본질 속에서 다만 우리의 제한되지 않은 오성을 구체화할 뿐이다. 그리고 제한되지 않은 이 본질을 무엇보다도 실재적인 최고 본질이라고 선언함으로써 우리는 실로 오성이 최고 존재(être suprême)이며 최고 본질이라고 말하는 것과 다름없다.

오성은 더 나아가 독립적이고 자주적인 본질이다. 오성을 갖지 않은 것은 비독립적이고 의존적이다. 오성이 없는 인간은 역시 의지가 없는 인간이다. 오성을 갖지 않은 인간은 유혹당하기도 하고, 기만당하기도 하며, 다른 사람들로부터 수단으로 이용된다. 오성에서는 다른 사람의 수단(Mittel)인 사람이 어떻게 의지에서 자기 목적적인 활동을 할 수 있을 것인가? 사유하는 자만이 자유롭고 독립적이다. 인간은 다만 자신의 오성에 의해서만 자기 이외의 본질과 자기 이하의 본질을 자기 생존의 단순한 수단으로 끌어내린다. 일반적으로 다만 그 자체로 목적이며 그 자체로 대상인 것만이 독립적이며 자주적이다. 그 자체가 목적이며 대상인 것은 바로 그 때문에, 그 자체로 대상인 한, 다른 본질을 위한 수단이나 대상이 아니다. 오성이 없는 존재는 한마디로 말하면 타자를 위한 존재(Sein), 즉 객체이다. 오성은 자신을 위한 존재, 즉 주체이다. 그러나 이미 다른 본질을 위한 것이 아니라 그것 자체를 위해 존재하는 것은 다른 본질에 대한 모든 의존성을 거부한다.

우리는 확실히 사유하는 순간에 있어서조차 우리 자신 이외의 본질에 의존한다. 그러나 우리가 사유하고 있는 오성 활동의 한가운

데 서 있는 한 우리는 어떤 다른 본질에도 의존하지 않는다.[4] 사유 활동은 자기 활동이다. 칸트(Kant)는 바로 위에서 인용한 저서에서 다음과 같이 말하고 있다. "내가 사유할 때 나는 내 안에서 나의 자아(Ich)가 사유하고 있는 것이며 어떤 다른 것(Ding)이 사유하고 있는 것이 아니라는 것을 의식한다. 그러므로 나는 내 안에서의 이 사유가 나의 외부의 다른 사물에 소속하는 것이 아니라 나 자신에게 속한다고 추론한다. 따라서 역시 나는 내가 실체라는 것, 즉 나는 다른 사물의 술어로 존재하는 일 없이 나 자신을 위하여 실존한다고 추론한다."

비록 우리가 언제나 공기를 필요로 한다고 할지라도, 우리는 동시에 물리학자로서 공기를 욕구의 대상으로부터 무욕구의 사유 활동의 대상, 즉 우리를 위한 단순한 물로 만든다. 호흡에 있어서 나는 공기의 객체(Objeckt)이며, 공기는 주체이다. 그러나 나는 공기를 사유나 연구, 분석의 대상으로 만들 때 이 관계를 전도한다. 즉, 나는 나를 주체로 만들고, 공기를 나의 객체로 만드는 것이다. 그러나 다른 본질의 대상이 되는 것만이 타자에 의존적이다. 그와 같이 식물은 공기와 빛에 의존한다. 즉, 식물은 공기나 빛에 대한 대상이며 독립적으로 존재하지 않는다. 물론 공기나 빛 역시 식물의 대상이

---

4 이것은 생리학적 작용으로서의 사유 작용에 대해서조차 타당하다. 왜냐하면 뇌수 활동은 비록 호흡 작용 및 그 외의 과정을 전제한다고 하더라도 역시 독자적으로 독립적인 활동이기 때문이다.

된다. 물리적 생활은 일반적으로 주체와 객체의 이와 같은 영원한 교차(交替), 목적과 수단이라는 영원한 교차 이외의 다른 것이 아니다.

우리는 공기를 마시고 동시에 공기에 의해 마셔진다. 우리는 사물을 향유하면서 또한 향유된다. 다만 오성만이 모든 것을 향유하며, 무엇에 의해서도 향유되지 않는 본질이다. 즉, 오성만은 오성 자체를 즐기면서, 오성 자신에게 만족하는 본질이다. 오성은 절대적 주체이다. 즉, 오성은 이미 다른 본질의 대상으로 끌어내려질 수 없는 본질이다. 왜냐하면 오성은 모든 대상을 오성 자체의 객체(술어)로 만들기 때문이다. 오성은 또한 만물을 오성 안에서 이해하는 본질이다. 왜냐하면 오성은 그 자체로 어떤 사물이 아니며 또한 만물로부터 자유롭기 때문이다.

오성의 통일성은 신의 통일성이다. 오성에 있어서 오성의 통일성과 보편성의 의식은 본질적이다. 오성은 그 자체로 절대적 통일성으로서 의식하는 것 이외의 다른 것이 아니다. 즉, 오성에 의해 오성에 적합한 것으로 인정되는 것은 오성에 있어서 절대적 법칙이며, 보편적으로 타당한 법칙이다. 오성 자신에 모순되는 것, 허위인 것, 불합리한 것이 어딘가에서 참되다든가 또는 역으로 참된 것, 이성적인 것이 어딘가에서 허위이고 비이성적이 되는 것을 오성에 있어서 생각한다는 것은 불가능하다. "나와 같지 않은 예지적 본질이 존재한다는 것은 가능한 일이다. 그러나 나는 내가 인식한 법칙이나 진리와는 다른 법칙과 진리를 인식하는 예지적 본질은 존재하지 않는다고 확신한다. 왜냐하면 모든 정신도 반드시 2 곱하기 2는 4가 된다는 것을 통찰하고 있으며, 우리는 자기의 친구를 자신의 개보다 중히 여긴다는 것이 틀림없음을 통찰하기 때문이다."5

인간 안에서 활동하고 있는 오성과 본질적으로 다른 오성에 관해 표상한다든가 감지한다든가 할 수는 없다. 오히려 내가 가정한 각각의 추정된 오성은 단지 나 자신의 오성의 대한 긍정에 지나지 않는다. 즉, 그것은 나에 관한 하나의 관념이며 나의 사유 능력 속에 포함되는, 따라서 나의 오성을 표현하는 표상인 것이다. 나는 내가 사유하는 것을 나 자신이 행한다. 물론 그것은 단지 순수하게 지적인 일의 경우에 한한다. 내가 결합된 것으로 생각하는 것을 나는 결합한다. 내가 분리된 것으로 생각하는 것을 나는 구별한다. 내가 폐기된 것, 부정된 것으로서 생각하는 것은 나 자신이 부정한다. 예를 들면 만일 내가 대상에 대한 직관 혹은 현실성이 그 대상에 대한 사상과 결합되어 있는 오성임을 감지한다면 나는 실제로 그것을 결합한다. 나의 오성 혹은 나의 상상력은 그것 자체가 이를 구별하는 혹은 대립의 관념을 결합하는 능력이다.

---

5 말브랑시(Malebranche). 마찬가지로 천문학자인 크리스챤 휘겐스도 그가 이미 앞에서 인용된 저서 『우주론』에서 다음과 같이 말하고 있다. "어딘가 다른 곳에서 우리의 이성과는 다른 이성이 실존한다고 하는 것이 있을 수 있을까? 그리고 우리에게 있어서는 정의(正義)이며 칭찬할 만한 것으로 인정되는 것이 목성(木星)이나 화성 위에는 부정(不正)이며 저주될 만한 것으로 인정된다고 하는 그런 일이 있을 수 있을까? 참으로 그와 같은 일은 있을 법하지도 않으며 또한 전혀 불가능하다."

만일 우리가 이것들의 구별 혹은 대립의 관념을 우리 자신 안에서 결합하고 있는 것이 아니라면 우리가 그것들의 구별 혹은 대립의 관념을 결합된 것으로 표상한다는 일이 도대체 가능할 것인가? 그리고 지금의 경우 우리의 그 표상이 판명한 것이든 혼란한 것이든 사태에는 변함이 없는 것이다. 그러나 어떤 개인이 그 자신의 오성과 구별하여 가정한 오성이 어떤 조건에서 규정되든지 이런 다른 오성은 단지 인간 일반 안에 존재하는 오성이며, 이 규정된 일시적인 개인이 가지고 있는 제한에서 분리되어 생각된 오성에 지나지 않는다. 통일(Einheit)은 오성의 개념 안에 포함되어 있다. 오성이 두 개의 최고의 본질, 두 개의 무한한 실체, 두 개의 신을 사유할 수 없다는 것은 오성이 그 자체에 모순된다는 것, 그것 자체의 본질을 거부한다는 것, 그 자체가 분산되어 다양해진 것으로 생각할 수 없다는 것이나 마찬가지이다.

오성은 무한한 본질이다. 무한성은 곧 통일성과 함께 정립되고, 유한성은 다수성과 함께 정립된다. 유한성—형이상학적 의미에 있어서—은 본질로부터의 실존의 구별, 유(Gattung)와 개성의 구별에 기초를 두고 있으며, 무한성은 본질과 실존과의 통일에 기초를 두고 있다. 그러므로 같은 유에 속하는 다른 여러 개체와 비교될 수 있는 것은 유한하다. 단지 자기 자신과 같을 뿐, 자기와 같은 것을 아무것도 갖지 않은 것, 따라서 개체로서 유의 하위에 위치하지 아니하고 오히려 불가분적으로 유(種)인 동시에 개체이고 본질인 동시에 실존인 것은 무한하다.

　바로 오성이 그와 같다. 오성은 오성의 본질을 그 자체 안에 가지고 있다. 그 결과 오성은 오성을 대신할 수 있는 어떠한 곳에도, 오성 옆에도 오성 밖에도 가지고 있지 않다. 오성은 비교될 수 없다. 왜냐하면 오성은 그 자체가 모든 비교의 원천이기 때문이다. 오성은 또한 측정할 수 없다. 왜냐하면 오성은 모든 척도의 척도이며, 우리는 모든 것을 다만 오성을 통해서만 측정할 수 있기 때문이다. 오성은 더 높은 어떠한 본질에도 어떠한 유에도 종속시킬 수 없다. 왜냐하면 오성 자체가 모든 하부 종의 최상의 원리이며, 모든 사물과 본질을 그 자체에 종속시키기 때문이다. 사변 철학자들이나 신학자들은 신에 대해 정의를 내리기를 "신이란 실존과 본질이 서로 구별되지 않는 존재이며 또 자기가 가지고 있는 모든 특성" 그 자체라고 한다. 그래서 신에 있어서 술어와 주어는 동일하다. 따라서 이 모든 규정은 단지 오성의 본질로부터 추출된 본질에 불과하다.

　마지막으로 오성 혹은 이성은 필연적인 본질이다. 이성은 존재한다. 왜냐하면 이성의 실존만이 이성이기 때문이다. 만일 어떤 이성도 어떤 의식도 존재하지 않는다면 모든 것은 무(無)이며, 존재는 비존재와 같을 것이기 때문이다. 의식이 처음으로 존재와 비존재와의 구별을 근거 짓는다. 의식에 있어서 처음으로 존재의 가치와 자연의 가치가 나타나게 되는 것이다. 일반적으로 어떤 것이 무엇 때문에 존재하는 것일까? 세계는 무엇 때문에 존재하는 것일까? 어떤 것이나 세계가 존재하는 것은 만일 어떤 것이 실존하지 않는다면 무가 실존하기 때문이며, 만일 이성이 존재하지 않는다면 비이성만이 존재하게 된다고 하는 단순한 이유에서이다. 그러므로 세계가 존재하지 않는다는 것은 불합리하기 때문에 세계는 존재하는 것이다. 당신은 세계의 의미의 참뜻을 세계의 비존재가 무의미하다는 것 속에서 찾아내고, 세계가 왜 존재하는가의 근거를 세계는 존재하지 않는다는 가정의 무근거성 속에서 찾아낸다.

무나 비존재는 무목적적이며, 무의미이며, 무오성적이다. 단지 존재만이 이성이며 진리이기 때문에 존재는 존재한다. 존재는 절대적 필요이며, 절대적인 필연성이다. 자신을 느끼는 존재의 근거, 생명의 근거는 무엇인가? 생명의 요구가 그것이다. 그러나 생명의 요구는 누구에게 나타나는가? 그것은 아직 생명을 얻지 못한 자에게서이다. 보는 본질이 눈을 만든 것이 아니다. 만일 그 본질이 이미 본 것이라면 무엇 때문에 눈을 만들 것인가? 아니다. 단지 아직 볼 수 없는 본질만이 눈을 필요로 한다. 우리는 누구나 지(知)도 의지도 없이 태어난다. 그러나 우리는 지와 의지를 갖기 위해 온 것이다.

그렇다면 세계는 어디서 왔는가? 세계는 결핍에서, 욕구에서, 필요에서 존재하는 것이다. 그러나 세계는 세계와 구별된 다른 본질 속에 가로놓여 있는 필연성에서 존재하는 것은 아니다. 그러한 것은 순수한 모순이다. 그런 것이 아니라 세계는 가장 고유한, 가장 내적인 필요에서—필요의 필연성에서— 존재하는 것이다. 왜냐하면 세계

없이는 어떤 필요도 존재하지 않으며, 필요 없이는 어떤 이성도, 어떤 오성도 존재하지 않기 때문이다. 세계는 무에서 생겼지만, 그무는 세계 없이는 아무것도 없다.

그와 같이 확실히 무(das Nichts)—사변 철학자들의 표현에 따르면 부정성—는 세계의 근거이다. 그러나 그 자체를 지양(止揚)한 무, 즉 만일 어떤 세계도 존재하지 않았다면 존재할 수 없었을(per impossibile) 무인 것이다. 확실히 세계는 결핍에서—페니아(penia)에서— 발생한다. 그러나 이 페니아를 존재론적 본질로 만든다는 것은 잘못된 사변이다. 이 결핍은 전혀 세계의 가정된 비존재(Nichtsein) 안에 가로놓여 있는 것과 같은 결핍이다. 그러므로 세계는 오직 세계 자체에서 그리고 세계 자체에 의하여 필연인 것이다. 그러나 세계의 필연성은 이성의 필연성이다. 이성은 모든 실재성의 총체이다. (세계의 모든 영광도 빛이 없다면 무엇일 것인가? 그러나 내적인 빛 없이 외적인 빛이 대체 무엇일 것인가?) 이성은 가장 불가결한 본질이며, 가장 심각하며, 가장 본질적인 욕구이다. 이성이야말로 비로소 존재의 자의식이며, 자의식적인 존재이다. 이성에 있어서 비로소 존재의 목적과 의미가 현시된다. 이성은 자기 목적으로서 자신에게 대상적인 존재이다. 즉, 이성은 사물의 궁극 목적이다. 그 자체로 대상인 것은 최고의 본질, 최후의 본질이며, 자기 자신을 지배하는 것이 전능하다.

4장

도덕적 존재자
혹은 율법으로서의 신

신으로서의 신―무한하고 일반적이며 의인화를 벗어난 오성의 본질―이 종교에 대해 가지고 있는 의미는 특수 과학의 시발점인 일반적인 근본 명제가 특수 과학에 대해 가지는 의미 그 이상도 이하도 아니다. 그와 같은 본질은 종교의 최상-최후의 받침점이자 결합점에 지나지 않으며, 말하자면 종교의 수학적인 점이다. 인간의 제한성과 허무성의 의식은 그와 같은 본질의 의식과 결합되어 있으나 그것은 결코 종교적 의식이 아니다. 그것은 오히려 회의론자, 유물론자, 자연주의자, 범신론자를 특징짓는 것이다. 신―적어도 종교의 신―에 대한 신앙이 상실되어 가는 것은 다만 회의론, 범신론, 유물론에서와 같이 인간, 적어도 종교에서 인정되고 있는 것과 같은 인간에 대한 신앙이 상실되는 곳에서만 그러하다.

그러므로 종교는 인간의 허무성을 진지하게 취급하지 않으며 또한 그럴 수도 없다.[1] 마찬가지로 종교는 이 허무성의 의식과 결합하고 있는 저 추상적 본질도 진지하게 취급하지 않는다. 종교가 진지하게 취급하는 것은 다만 인간에게 인간을 대상화하는 규정뿐이다. 인간을 부정한다는 것은 종교를 부정한다는 것을 의미한다.

종교의 대상적인 본질(존재)이 인간과는 다른 본질이라고 하는 것은 확실히 종교의 관심사이다. 그러나 그런 다른 본질이 동시에 인간적인 본질이라고 하는 것 역시 물론 더 큰 종교의 관심사이다. 그 본질이 인간과는 다른 본질이라고 하는 것은 단지 그 본질의 실존에 관계될 뿐이다. 그러나 그 본질이 인간적인 본질이라고 하는 것은 그 본질의 내적 본질성에 관계된다. 만일 그 본질(존재자)이 본질상 인간과는 다른 본질이라면 그 본질, 존재 혹은 비존재는 인간에게 어떤 관계가 있는 것일까? 만일 인간 자신의 본질이 그 본질에 관여하고 있는 것이 아니라면 인간은 어떻게 그 본질의 실존에 대해서 그런 밀접한 관계를 맺을 수가 있을 것인가?

인간은 종교 안에서 자신의 만족을 추구한다. 종교는 인간의 최고

---

1 신 앞에서 인간의 무(無)에 대한 표상 혹은 표현은 종교의 내부에 있어서는 신의 노여움이다. 왜냐하면 신의 사랑이 인간의 긍정인 것과 같이 신의 노여움은 인간의 부정이기 때문이다. 그러나 바로 이 노여움은 신중하게 다루어지지 않고 있는 것이다. "신은… 진실로 노여워하지 않는다. 비록 우리가 신은 노하시며, 벌하신다고 생각하더라도 그것은 신의 진실한 진심은 아닌 것이다." Luther, *Sämmtliche Schriften und Werke* (Leipzig, 1729), T. VIII, S. 208.

선이다. 그러나 만일 신이 인간과는 다른 본질이라면 인간은 어떻게 신 안에서 위안과 평화를 발견할 수 있을 것인가? 만일 내가 어떤 본질과 같은 것이 아니라면 나는 어떻게 그 본질의 평화에 참여할 수 있을 것인가? 만일 그의 본질이 나의 본질과는 다른 본질이라면 그의 평화도 역시 나의 평화와는 다른 것이며, 나에게는 평화가 아닌 것이다. 그러므로 만일 내가 그의 본질을 나누어 가진 것이 아니라면 나는 어떻게 그의 평화에 참여할 수 있을 것인가? 그러나 만일 내가 실제로 다른 본질이라면 나는 어떻게 그의 본질을 나누어 가질 수 있을 것인가? 살아 있는 모든 것은 다만 자기 자신의 영역에 있어서만 또 자기 자신의 본질 안에 있어서만 평안을 느낀다. 그러므로 인간이 신 안에서 평안을 느낀다면 인간이 평안을 느끼는 것은 신이 비로소 인간의 참된 본질이기 때문이며, 인간이 여기서 처음으로 자기 자신으로 존재하기 때문이며, 인간이 지금까지 평안을 찾았던 곳 그리고 인간이 지금까지 자기의 본질이라고 생각하였던 것은 어떤 다른 낯선 본질이었기 때문이다. 그러므로 만일 인간이 신 안에서 자기를 만족시켜야 하며 또 만족시키기 원한다면 인간은 신 안에서 자신을 발견하지 않으면 안 되는 것이다. "아무도 신성을, 그것이 음미되기를 원하는 방법이 아니고는, 즉 신성이 그리스도의 인간성 안에서 고찰되는 것과 같은 방법 이외로는 음미하지 않을 것이다. 그리고 만일 당신이 그와 같은 방법으로 신성을 발견하는 것이 아니라면 당신은 결코 평안을 얻지 못할 것이다."[2] 모든 것은 태어난 장소에선 평안함을 느낀다. 내가 태어난 상태(Stäte)는 신성이다. 신성은 나의 조국이다. 나는 신성 안에서 아버지를 가지고 있는 것일까? 물론 나는 신성 안에 다만 아버지를 가지고 있을 뿐만 아니라 나 자신도 가지고 있다. 나는 나 자신이 되기 전에 나는 신성 안에서 태어난 것이다.3

단지 오성의 본질을 표현할 뿐인 신은 그 때문에 종교를 만족시키지 못하며, 종교의 신이 아니다. 오성은 단지 인간에 대해 관심을 가질 뿐만 아니라 인간 이외의 본질, 자연에 대해서도 역시 관심을 두는 것이다. 오성인(悟性人)은 게다가 자연에 열중해서 자기 자신을 망각한다. 기독교도들은 이교적 철학자들을 조소한다. 왜냐하면 이교적 철학자들은 자기 자신, 자기의 구원에 관해서 생각하는 대신에 다만 자신들 이외의 사물에 대해서만 생각했기 때문이다. 기독교도는 다만 자신에 대해서만 생각한다.

오성은 신과 비슷한 모습, 인간을 고찰하는 것과 마찬가지로 열의 있게 벼룩이나 이도 고찰한다. 오성은 모든 사물이나 본질의 "절대적 무차별성과 동일성"이다. 우리가 식물학, 광물학, 동물학, 물리학, 천문학을 연구하는 것은 기독교나 종교적 영감 덕택이 아니라 오성의 열의 덕택이다. 간단히 말하면 오성은 보편적이고 범신론적인

---

2 Luther, T. III. S. 589.
3 타우레리(Tauleri) 시대와 그 이전의 설교사의 설교집 (Hamburg, 1621), S. 81.

본질이며, 우주에 대한 사랑이다. 그러나 종교, 특히 기독교의 특징적인 규정은 그것이 인신론적 본질, 인간의 자기 자신에 대한 배타적인 사랑, 인간적인 그리고 더욱이 주관적-인간적인 본질의 배타적인 자기 긍정이다. 왜냐하면 확실히 오성은 인간의 본질도 긍정하기는 하지만, 오성이 긍정하는 것은 대상을 위한 대상에 관계하는 객관적인 본질이기 때문이다. 그리고 그와 같은 본질의 서술만이 바로 과학(Wissenschaft)이다. 그러므로 만일 인간이 종교 안에서 자기를 만족시키고자 원하고 만족시켜야 한다면, 오성의 본질과는 전혀 다른 어떤 것(etwas)이 종교 안에서 인간에게 대상이 되지 않으면 안 된다. 그리고 이 어떤 것은 종교의 본래의 핵심을 포함한 것이며 또 포함하지 않으면 안 된다.

　종교, 특히 기독교에 있어서 무엇보다도 먼저 나타나는 신의 오성 규정 혹은 이성 규정은 도덕적 완전성의 규정이다. 그러나 도덕적으로 완전한 본질로서의 신은 도덕의 이념이 실현된 것, 도덕률이 인격화된 것 이외의 다른 것이 아니다.[4] 그와 같은 신은 또한 인간의 도덕적 본질이 절대적인 본질로 정립된 것이며, 인간 자신의 본질이다. 왜냐하면 도덕적인 신은 인간에게 신 자신과 같이 될 것을, 즉 "신은 성스러움이므로 너희도 신과 같이 성스러워야 한다"고 요구하

---

4 칸트(Kant)조차도 이미 내가 여러 번 인용한 『철학적 종교론에 대한 강의』(이것은 프리드리히 2세의 치하에서 이루어졌던 것이다)에서 "신은, 말하자면 도덕률 그 자체이지만, 그러나 그 도덕률이 인격화되어 생각된 것이다"라고 말하고 있다.

기 때문이다. 도덕적으로 완전한 본질로서의 신은 인간 자신의 양심이기도 하다. 만일 그렇지 않다면 인간이 신적 본질을 두려워한다든가 신적 본질을 향해 스스로를 고발한다든가 할 수 있을 것인가? 그리고 만일 신이 인간 자신의 양심이 아니라면 인간은 어떻게 신적 본질을 자기의 가장 내적인 사상이나 심성의 재판관이 되게 할 수 있을 것인가?

그러나 도덕적으로 완전한 본질의 의식은 모든 의인화된 관념에서 분리된 추상적인 본질의 의식으로서 우리에게 차고 공허하게 느껴진다. 왜냐하면 우리는 우리와 이 본질과의 사이에서 거리와 간격을 느끼기 때문이다. 이와 같은 의식은 정(情)이 없는 의식이다. 그것은 우리의 인격적 허무성의 의식이며, 무엇보다 더 강하게 감수되는 도덕적 허무성의 의식이기 때문이다. 내가 시간이나 공간 속에서 제한되어 있는 것과 반대로 신은 전능하며 영원하다고 하는 의식은 나에게 고통을 느끼게 하지 않는다. 왜냐하면 전능은 나에게 나 자신이 전능하라고 명하지 않으며 또 영원성은 나에게 영원하라고 명하지 않기 때문이다.

그러나 나는 도덕적인 완전성을 의식할 때 동시에 그것을 나를 위한 율법으로 의식하지 않을 수 없다. 도덕적 완전성은 적어도 도덕적 의식에 있어서는 자연(천성)에 의존하는 것이 아니고 오히려 의지에 의존하는 것이다. 그것은 의지의 완전성이며, 완전한 의지다. 나는 완전한 의지를 동시에 의지의 객체, 즉 나에게 있어서는 당위

(Sollen)로 생각하지 않고는 완전한 의지, 율법과 동일한 의지, 그 자체가 율법인 의지를 생각할 수 없다. 간단히 말하면 도덕적으로 완전한 본질의 표상은 단지 이론적-평화적인 표상일 뿐만 아니라 동시에 행위나 모방으로 몰고 가든가, 나와 나 자신과의 분열이나 갈등에 던져버리든가 하는 실천적 표상이다. 왜냐하면 도덕적으로 완전한 본질의 표상은 내가 무엇이어야 하는가를 나에게 알림으로써 동시에 모든 아첨을 버리고 나의 본질이 아닌 것을 직관하기 때문이다.[5]

종교는 인간에게 인간 자신의 본질을 인간과는 다른 본질로서 대립시키고, 나아가 그 위에 모든 구원과 행복의 원천인 은총으로부터 죄인을 소외시키고 증오하고 저주하는 인격적 본질로서 대립시킨다.

그런데 인간은 자기와 완전한 본질 사이의 이 갈등으로부터, 죄의식의 고통으로부터, 허무감의 고뇌로부터 무엇에 의하여 구원되는가? 인간은 죄악의 치명적인 가시를 무엇에 의하여 무디게 할 것인가? 인간은 심정이나 사랑을 최고로, 절대적인 위력이나 진리로 의식하는 것에 의해서 그렇게 하는 것이다. 또한 신적 본질을 단지

---

5 그런데 우리 자신의 판단에 있어서 우리의 자부심에 손해를 주는 것은 우리를 겸손하게 한다. 그러므로 도덕률은 불가피하게 어떤 사람이라도 겸손하게 만든다. 이것은 인간이 자기의 본성의 감성적 경향을 도덕률과 비교하는 것에 의해서이다. Kant, *Kritik der praktischen Vernunft*, 4 Aufl. S.132.

율법이나 도덕적 본질이나 오성의 본질로 직관할 뿐만 아니라 오히려 인간을 사랑하는, 상냥한 그 자신을 주관적으로 인간적인 본질로서 직관하는 것에 의해서 그렇게 한다.

　오성은 율법의 엄격함에 따라서 판단한다. 심정은 순응하고, 공평, 관대, 신중하며 인간적이다. 우리는 다만 도덕적인 완전성을 제시할 뿐인 율법에는 아무도 만족하지 않는다. 율법 또한 사랑에 만족하지 않는다. 율법은 벌한다. 사랑은 죄인도 불쌍히 여긴다. 율법은 나를 단지 추상적인 본질로서 긍정할 뿐이고, 사랑은 현실적인 본질로서 나를 긍정한다. 사랑은 나에게 내가 인간이라는 의식을 부여한다. 율법은 단지 내가 죄인이라는 의식, 허무하다는 의식을 부여할 뿐이다.6 율법은 인간을 복종시키고, 사랑은 인간을 자유롭게 한다.

---

6 "우리 모두는 죄를 범하였다. … 아버지 살해는 율법과 동시에 시작되었다." Seneca; "율법은 우리를 살해한다." Luther, T. XVI. S. 320.

5장

성육신의 비밀
혹은 심성의 본질로서의 신

인간은 사랑의 의식을 통하여 신 혹은 자기 자신과 화해한다. 즉, 인간은 도덕적 법칙에 있어서는 자기와 다른 존재자로서 자기에게 대립시키는 자기 본질과 사랑의 의식을 통하여 화해하는 것이다. 신의 사랑의 의식 혹은 이와 같은 것으로 인간적인 존재로서의 신의 직관은 신의 성육신(成肉身), 성육화 혹은 인간화의 비밀이다. 성육신이란 신의 인간적인 본성이 사실적–감성적으로 현현한 것 이외의 다른 것이 아니다.

신은 신 자신을 위하여 인간이 된 것이 아니다. 인간의 필요와 욕구가 성육신의 근거였다. 그리고 이 욕구는 오늘날에도 여전히 종교적인 심성의 욕구로 되어 있다. 신은 자비심에서 인간이 되었다. 신이 현실로 인간이 되기 전에 이미 자기 자신 안에서 인간적인 신이었다. 인간의 욕구와 불행이 신의 마음을 울렸기 때문이다. 성육신은 신의 동정의 눈물이었다. 성육신은 이처럼 인간적으로 느끼는 존재, 따라서 본질적으로 인간적인 존재의 현상에 지나지 않는 것이다.

만일 우리가 성육신에서 단지 인간화된 신에 멈추고 있을 뿐이라면, 그때 물론 인간화는 놀랄 만한, 설명 불가능한, 기적적인 사건으로서 현상한다. 그러나 인간화된 신은 신화된 인간에 지나지 않는다. 왜냐하면 신이 인간으로 격하된다는 것은 인간이 신으로 고양된다는 것을 필연적으로 전제하기 때문이다.[1] 신이 인간이 되기 전에, 즉 자신을 인간으로 나타내기 전에 인간이 이미 신 안에 있었으며 이미 신 자신이었다. 만일 그렇지 않았다면 신은 어떻게 인간이 될 수 있었겠는가? "무에서는 아무것도 생기지 않는다"라고 하는 오래된 근본 명제는 여기서도 타당하다. 자기 신하의 행복을 마음에 두지 않는 왕, 몸은 왕좌에 있어도 정신은 이미 신하의 집에 머물지 않는 그런 왕, 심성 안에 이미 국민이 말하는 것과 같이 "보통 사람"이 아닌 그런 왕, 그러한 왕은 신체적으로도 역시 인격적인 접촉으로 국민을 행복하게 하기 위해 왕좌로부터 내려오지는 않을 것이다.

---

1 "성서는 어떤 곳에서 마치 인간에 관해서와 같이 신에 대해 말하고 있으며 인간적인 모든 것을 신에게 돌리고 있다. 그러한 서술은 매우 사랑할 만하고 또 위안이 된다. 즉, 그곳에서 인간이 서로 혼히 이야기하는 사물에 대해 신은 친구같이 우리와 함께 이야기하며 또 그리스도의 미래의 인간성의 비밀을 위해 마치 인간처럼 기뻐하고 슬퍼하며 고뇌한다고 서술되어 있다." Luther, Th. II, S. 334.

따라서 왕이 신하의 자리로 내려오기 전에 이미 신하가 왕의 자리로 올라간 것은 아닌가? 그리고 만일 신하가 자기의 왕이 인격적으로 접촉해 주는 것에 의해 존중받고 행복하게 되었다고 느낀다면 이 심성은 다만 가시적인 현상 그 자체에 관계한 것인가? 그렇지 않고 그 심성은 오히려 심성의 현상에 관계하는 것은 아닌가? 그리고 그 심성은 그 현상의 근거인 박애적인 본질이 아닌가? 그러나 종교의 진실에 있어서 근거인 것은 종교의 의식에서도 귀결로서 규정된다. 그와 같이 여기서는 인간이 신으로 고양되는 것은 신이 인간으로 격하 혹은 하강하는 것으로 규정된다. 신은 인간을 신격화하기 위하여 자신을 인간화한다고 종교는 말한다.2

  "신은 인간이거나 혹은 인간이 된다"라는 명제 속에서 발견되는 심원한 것, 이해할 수 없는 것, 즉 모순되는 것은 다음과 같은 것에서 유래한다. 즉, 보편적이고 구속되지 않은 형이상학적 본질의 개념 혹은 규정을 종교적인 신의 개념이나 규정과 혼합 혹은 혼동하는, 즉 오성의 규정을 심성의 규정과 혼합하거나 혼동한다는 데서 유래한다. 그리고 그와 같은 혼동은 종교를 바르게 인식할 때 최대의

---

2 "신은 인간이 신이 되려고 하였기 때문에 인간이 되었다." Augustinus, Serm. ad Pop. 그러나 우리는 루터나 많은 교부들에게 있어서 참된 관계를 암시하고 있는 곳을 발견한다. 예를 들면 루터는 다음과 같이 말하고 있다. "모세는 인간을 '신의 상, 신과 같다'고 말한 것에 의해서 그는 '신은 인간이 되어야 할 것이다'라는 것을 암암리에 나타내고 있다." 여기서는 그와 같이 신의 인간화가 매우 확연하게 인간의 신성의 귀결로서 언표되어 있다.

장애이다. 그러나 실제로 중요한 것은 오히려 신의 인간적인 형태이다. 이미 신은 본질에 있어서, 마음의 가장 깊은 근저에 있어서는 자비로운, 즉 인간적인 신이기 때문이다.

이것은 교회의 교의에서 다음과 같이 표현된다. 즉, 신성의 제일 인격이 아니라 신 안에서 그리고 신 앞에서 인간을 대표하는 제이 인격이 성육화하는 것이다. 그러나 제이 인격은 실은 다음에 나타나는 것과 같이 종교의 진실하고 전체적인 제일 인격이다. 그리고 성육신이 신비적이고, 불가해하고, "사변적"으로 나타나는 것은 다만 성육신의 출발점인 이 매개 개념이 없을 때만 그렇게 나타나는 것이다. 한편 이 매개 개념의 연관에서 고찰되면 성육화는 "필연적"이라기보다는 자명한 귀결이다. 그러므로 성육화는 다만 신학적인 계시를 통해 알게 될 수 있을 뿐인 순수하게 경험적인 혹은 역사적인 사실이라는 주장은 가장 우둔한 종교적 유물론의 표현이다. 왜냐하면 성육화는 매우 이해하기 쉬운 전제에 기초하는 결론이기 때문이다. 그러나 만일 우리가 성육화를 순수하게 사변적, 즉 형이상학적–추상적 근거에서 연역하려고 한다면 그것도 똑같이 오류이다. 왜냐하면 형이상학은 다만 성육화하지 않은 제일 인격, 어떤 희곡적 인물도 아닌 제일 인격에 속할 뿐이기 때문이다. 그와 같은 연역이 정당화되는 것은 기껏해야 우리가 의식적으로 형이상학에서 형이상학의 부정을 연역할 때뿐이다.

인간이 사변 철학과 어떻게 다른가 하는 것은 이 예에서 밝혀진다.

인간학은 신비적인 가상(假像)에 의해 현혹된 사변과는 달리 인간화를 특수한 경탄할 만한 비밀로 고찰하지 않는다. 인간학은 오히려 인간화의 배후에 특수한 초자연적 비밀이 숨겨져 있는 것처럼 생각하는 환상을 파괴한다. 인간학은 이 교의(Dogma)를 비판하고, 그것을 인간의 생래적인 자연적 요소, 인간의 내적 근원 및 중심점으로 환원한다. 즉, 인간학은 신의 인간화의 교의를 "사랑"으로 환원한다.

이 교의는 우리에게 두 가지—신과 사랑—를 제시한다. 신은 사랑이다. 그것은 어떤 의미인가? 신은 사랑 이외의 어떤 무엇인가? 신은 사랑과 구별된 존재인가? 신이 사랑이라는 의미는 마치 내가 인간에 대해서도 역시 "그는 사랑 그 자체이다"라고 감동하여 부르짖는 그런 의미와 같은 것인가? 확실히 그렇다. 만일 그렇지 않다면 나는 특수한 인격적 본질, 술어와 구별된 본질을 표현하는 신이라는 명사를 포기하지 않으면 안 된다. 이처럼 사랑은 어떤 특수한 어떤 것이 된다. 신이 자신의 독생자를 세상으로 보낸 것은 사랑에 기인하는 것이다.

사랑은 이처럼 배후로 밀려나서 신이라는 어두운 배후에서 멸시된다. 사랑은 비록 본질을 규정하는 특성이기는 하지만, 인격적인 특성이 된다. 그러므로 사랑은 정신이나 심성에서 객관적 및 주관적으로 주어나 본질의 지위가 아니라 단지 술어의 지위를 유지할 뿐이다. 사랑은 부대 사건 또는 우연으로서 나의 눈앞에서 사라진다. 사랑은 때로는 본질적인 것으로 나의 눈앞에 나타나고, 때로는 다시 나에게서 숨어 버린다. 신은 나에게 아직 사랑 안에서와는 다른 형태로도 나타난다. 즉, 신은 전능이라는 형태에서도 나타난다. 전능이란 사랑에 의해 결박되지 않는 어두운 힘이며 또한 더 적은 정도일지라도 귀신이나 악마 역시 참여하고 있는 힘이다.

사랑이 실체, 즉 본질 그 자체로 고양되지 않는 한에서는 사랑을 떠나서도 아직 그 자체만으로 무언가인 주체, 사랑이 없는 괴물, 마술적 존재가 사랑의 배경에 잠복하고 있다. 이것의 인격성은 사랑과 구별할 수 있고 또 실제로 사랑과 구별되어 있어 이단자들이나 불신하는 사람들의 피를 좋아한다. 그러나 이것은 종교적 열광의 환영이다! 그럼에도 불구하고 성육신에서 본질적인 것은, 비록 아직 종교적 의식의 밤에 결박되어 있을지라도, 사랑이다. 사랑은 신이 그의 신성을 소외하도록 규정하였다.[3]

신의 신성 그 자체는 "신은 사랑이다"라는 명제에서 주어이기는

---

3 그래서 옛날의 무조건적인 영감이 넘치는 신앙은 성육신을 이런 의미로 찬미하였다. 예를 들면 성 베르나르(St. Bernard)는 "사랑은 신을 이긴다"(Amor triumphat de Deo)라고 말하고 있다. 그리고 단지 신성의 현실적인 자기 소외, 자기 거부의 의의 속에서만 성육신의 실재성, 의의, 힘이 가로놓여 있는 것이다. 비록 이 자기 부정 그 자체가 단지 공상의 표상에 지나지 않는다고 하더라도 변화는 없다. 왜냐하면 잘 음미해 보면 신은 성육신 속에서 자기를 부정하는 것이 아니라 다만 자신을 있는 그대로의 것, 인간적인 본질로서 나타낼 뿐이기 때문이다. 성육신에 관해서 후대의 합리주의적-정통파적인 신학이나 성서적-경건주의적-합리주의적 신학이 허구(虛構)로, 옛날의 신앙이 가지고 있는 환희에 취한 표상이나 표현에 반대해서 주장한 것은 주의할 만한 가치가 없다. 하물며 반박할 가치조차 없는 것은 말할 것도 없다.

하지만 신이 자기의 신성을 거부한다는 것은 신의 신성 자체에서 일어난 일이 아니라 술어인 사랑 때문에 일어났다. 그러므로 사랑은 신성보다도 더 높은 힘이며 진리이다. 사랑은 신을 초극한다. 사랑을 위해 신은 자신의 신적 존엄성을 희생하였다. 그러면 그 사랑은 어떤 종류의 사랑이었던가? 그것은 우리의 사랑과는 다른 것이었던가? 그것은 우리가 생명이나 재산을 바치는 대상인 사랑과는 다른 사랑이었던가? 그것은 자신에 대한 사랑이었던가? 신으로서의 자신에 대한 사랑이었던가? 아니다! 그것은 인간에 대한 사랑이었다.

그러면 인간에 대한 사랑은 인간적인 사랑이 아닌가? 인간을 인간적으로 사랑하지 않고, 참된 사랑으로 인간이 자신을 사랑하는 것처럼 인간을 사랑하는 일 없이 인간을 사랑할 수 있는가? 그렇지 않으면 사랑은 아마도 악마적인 사랑이 아닌가? 그러나 악마도 역시 인간을 사랑한다. 그러나 악마가 인간을 사랑하는 것은 인간을 위한 사랑이 아니라 악마 자신을 위해 사랑한다. 그러므로 악마가 인간을 사랑하는 것은 악마 자신을 위대하게 하고, 자신의 위력을 확장하기 위한 이기주의에 기인한 것이다. 그러나 신은 인간을 사랑함으로써 인간을 위해 인간을 사랑한다. 즉, 신이 인간을 사랑하는 것은 인간을 선량하게 하고, 행복하게 하고, 축복받게 하기 위한 것이다.

그렇다면 신은 마치 성실한 인간이 인간을 사랑하는 것처럼 인간을 사랑하는 것이 아닌가? 사랑은 일반적으로 복수형을 가지고 있는 것인가? 사랑은 어디에서나 그 자체와 같은 것이 아닌가? 따라서

성육신에 관한 위조되지 않은 참된 원전은 아무 부가어(Beisatz)도
필요로 하지 않으며 또 신의 사랑과 인간의 사랑 사이에 어떠한
구별도 존재하지 않는 절대적인 원전 이외의 무엇이란 말인가? 왜냐
하면 인간들 사이에 이기적인 사랑이 존재하지만, 그럼에도 불구하
고 참된 인간적인 사랑—그리고 다만 그런 사랑만이 사랑의 이름에
해당하는 가치가 있다—이란 다른 사람을 기쁘게 하고자 자기를
희생하는 사랑이기 때문이다.

그러므로 누가 우리의 구원자이며 화해자인가? 그것은 신인가
아니면 사랑인가? 그것은 사랑이다. 왜냐하면 신 그 자체가 우리를
구원하는 것이 아니라 신적인 인격성과 인간적인 인격성의 구별을
초월한 사랑이 우리를 구원하였기 때문이다. 신이 사랑을 위하여
자신을 포기한 것과 같이 우리도 역시 사랑을 위하여 신을 포기하여
야 한다. 왜냐하면 만일 우리가 신을 사랑에 바치지 않는다면 우리는
사랑을 신에게 바치는 것이 되며 그리고 우리가 사랑이라고 하는
술어를 가지고 있음에도 불구하고 종교적 열광의 나쁜 본질인 신을
가지는 것이 되기 때문이다.

그러나 우리는 성육신으로부터 그와 같은 원전을 획득한 것에
의하여 동시에 교의의 비진리성을 제시하고, 외견적으로 초자연적-
초이성적인 비밀을 인간 그 자신에게 생득(生得)인 단순한 진리로
환원하였다. 그러나 이 진리는 다만 기독교에만 속하는 것이 아니라
적어도 발전되지 않은, 다소간 모든 종교 자체에 속하는 것이다.

즉, 종교라는 이름을 가질 자격이 있는 종교는 어느 것이나 신은 신을 존경하는 존재에 대해서는 무관심하지 않다는 것, 그러므로 인간적인 것은 신에게 소원하지 않다는 것, 신은 인간이 존경할 대상으로서 그 자신이 인간적인 신이라는 것을 전제한다.

모든 기도는 성육신의 비밀을 폭로하고 있으며 또 실제로 모든 기도가 신의 성육화인 것이다. 기도에서 나는 신을 인간의 비참으로 끌어들이고 또 신으로 하여금 나의 고뇌와 욕구에 관심을 두게 한다. 신은 나의 비탄에 귀를 기울인다. 신은 나의 일을 측은하게 생각한다. 그러므로 신은 자신의 존엄성, 모든 유한적인 것, 인간적인 것에 대한 초월성을 거부한다. 신은 인간과 함께 존재하는 인간이 된다. 왜냐하면 만일 신이 나의 말을 들어 주고 나의 일을 측은하게 여긴다면 신은 나의 고뇌에 감동하기 때문이다. 신이 인간을 사랑한다는 것은 곧 신이 인간에 관해 고뇌한다는 것이다.

사랑은 공감 없이 존재할 수 없으며, 공감은 동정이 없다면 생각할 수 없다. 나는 감수성이 없는 존재에 대해 관심을 가질 것인가? 아니다! 나는 다만 감수성을 가진 것에 대해서만 느낀다. 나는 나의 본질이 참여함으로써 느끼는 것, 그곳에서 나 자신을 느끼는 것, 그 고뇌를 내가 함께 받는 것, 나는 다만 그와 같은 것에 대해서만 느끼는 것이다. 동정(Mitleiden)은 같은 본질을 전제한다. 신이 인간과 본질적으로 다르지 않다고 하는 것의 표현이 성육화이며, 섭리(die Vorsehung)며, 기도이다.[4]

여기 전개된 성육신의 의미에 대하여 사람들은 기독교적인 성육신의 경우와 이교적인, 그리스적인 혹은 인도적인 신들의 인간화의 경우와는 사정이 전혀 특수한(적어도 사정이 다른) 것이라고 항의할지도 모른다. 그리고 이 일은 후에 자명하게 되겠지만 확실히 다른 관계에서도 역시 진실한 것이다. 이교의 신들은 단지 인간의 소산 혹은 신화된 인간에 불과하다. 그러나 기독교에 있어서는 참된 신의 관념이 부여되어 있다. 기독교에서 비로소 신적 본질과 인간적 본질의 결합이 의미 깊게 그리고 "사변적"으로 되는 것이다. 주피터는 황소로도 변형된다. 이교에서 신들의 인간화는 단순한 공상일 것이다. 이교에서의 신의 본질 안에는 현상 안에 있는 것 그 이상의 것은 없다. 이와 반대로 기독교에 있어서 인간으로서 현상하는 것은 신, 즉 인간과는 다른 초인간적 본질이다.

그러나 이 항의는 언급한 주의, 즉 기독교적인 성육신의 전제 역시 이미 인간적 본질을 포함하고 있다는 것에 의해 반박된다. 신은 인간을 사랑한다. 더욱이 신은 자신 안에(in sich) 아들을 가지고

---

4 "우리는 신이 우리와 공동 고뇌에 엄습되어 있음을 알고 있으며 그리고 신이 단지 우리의 눈물을 볼 뿐만 아니라 시편 56편에 쓰여 있는 것처럼 우리의 '눈물'을 세고 있음을 알고 있다." "신의 아들은 진실로 우리의 고뇌의 심성에 엄습된다." Melancthonis et aliorum, Declamet. Argentor. T. III. S. 286, 450. 루터는 지금 우리가 인용한 시편 56, 59편에 관해서 다음과 같이 말하고 있다. "어떤 눈물도 무익하게 흘려질 리는 없다. 그것은 크고 강한 문자로 하늘에 쓰여진다." 그러나 자신이 인간의 눈물을 세고 모으는 본질은 그럼에도 불구하고 확실히 매우 감상적인 존재자인 것이다.

있다. 신은 아버지이시다. 인간성의 모든 관계는 신에서 배제되지 않는다. 인간적인 것은 신에게서 동떨어진 것이 아니며 또 신에게 미지의 것도 아니다. 그러므로 기독교에서도 역시 신의 본질 속에는 신의 현상 속에 있는 것 이상은 아무것도 없다. 성육신에서 종교는 다만 종교가 자체에 대한 반성의 신학으로서 말하기를 원치 않는 것, 즉 신은 철두철미 인간적인 본질이라는 것을 고백할 뿐이다.

그러므로 성육신, "신인"이라고 하는 비밀은 어떤 대립물의 신비적 합성이 아니며 혹은 종합적인 사실(das Faktum)도 아니다. 그런데 사변적인 종교 철학에서는 신인(Gottmensch)이라는 비밀이 그와 같은 합성물로 인정되고 있다. 왜냐하면 사변적 종교 철학은 모순이라고 하는 것에 특수한 즐거움을 느끼기 때문이다. 신인의 비밀은 분석적인 사실—인간적인 의미를 가진 인간적 말—이다. 만일 여기에 모순이 있다면 그 모순은 이미 성육신에 앞서 그리고 성육신 밖에 가로놓여 있다. 즉, 모순은 섭리와 사랑의 신성과의 결합 속에 있을 것이다. 왜냐하면 만일 신의 사랑이 실제의 사랑이라면 사랑은 우리의 사랑과 본질적으로 구별되는 사랑은 아니기 때문이다. 인간의 사랑으로부터 신의 사랑으로 이르기 위해서는 단지 제한을 제거하기만 하면 된다. 그리고 이처럼 성육신은 단지 섭리나 사랑을 가장 강하게, 가장 열렬하게, 가장 감성적으로, 가장 솔직하게 표현한 것에 지나지 않는다.

사랑이 사랑의 대상을 가장 행복하게 할 수 있는 것은 인격적으로 현존하여 대상을 기쁘게 하고 사랑 그 자체를 보여 줌으로써이다. 보이지 않는 은혜자를 마주 본다는 것은 사랑의 가장 격렬한 희망이다. 본다는 것은 신적인 작용이다. 사랑하는 사람의 단순한 눈길 안에도 행복이 있다. 한 번의 눈길은 사랑의 확실성이다. 그리고 성육신은 인간에 대한 신의 사랑의 의심할 수 없는 확실성 이외의 다른 것일 리 없고, 그 이외의 다른 것을 의미할 리도 없으며, 그 이외의 다른 작용을 할 리도 없다. 사랑은 지속한다. 그러나 지상에서의 성육신은 일시적이다. 현상은 시간적 및 공간적으로 제한되어 있으며 소수의 사람밖에는 알 수 없었다. 그러나 현상의 본질은 영원하며 보편적이다. 우리는 아직 현상을 믿어야 하지만, 그것도 현상 때문에 믿어야 하는 것이 아니라 본질 때문에 믿어야 한다. 왜냐하면 우리에게는 단지 사랑의 직관만이 남아 있기 때문이다.

인간은 종교에서 자신을 신적 대상이나 신적 목적으로 직관한다. 그러므로 인간은 종교에서 단지 자기 자신의 본질, 자기 자신과 관계할 뿐이다. 이것을 가장 명백하게, 가장 항의할 수 없도록 증명하는 것이 종교의 근거이며, 중심점인 인간에 대한 사랑이다. 신은 인간을 위해 자신의 신성을 소외한다. 성육신이 부여하는 고귀한 인상은 여기에 가로놓여 있다. 즉, 성육신에서 아무 욕구도 없는 최고의 본질이 나를 위해 자신을 욕되게 하며 비하(卑下)하는 것이다. 그러므로 나는 신 안에서 나의 본질의 직관에 도달한다. 신이 인간을 위해 인간이 된다든가, 인간이 신의 사랑의 궁극 목적이나 궁극 대상이 된다든가 할 때보다 인간의 가치가 더 높게 표현될 때가 있다는 것이 대체 어떻게 가능할 수 있는가? 인간에 대한 신의 사랑은 신적 본질의 본질적인 규정이다. 신은 나를, 인간 일반을 사랑하는 신이다. 여기에 강조의 근거가 있으며, 이 안에 종교의 근본 열정이 가로놓여 있는 것이다. 신의 사랑은 나로 하여금 사랑하게 하며, 인간에 대한 신의 사랑은 인간의 신에 대한 사랑의 근거이다. 신의 사랑은 인간의 사랑을 야기하며 눈뜨게 한다. "우리가 신을 사랑하는 것은 신이 먼저 인간을 사랑했기 때문이다."[5]

그렇다면 나는 신 안에서 그리고 신에 곁에서 무엇을 사랑하는가? 나는 사랑을 사랑한다. 인간에 대한 사랑을 사랑하는 것이다. 그러나 만일 내가 사랑하며 존경하는 것이 인간에 대한 신의 사랑이라면 나는 인간을 사랑하는 것이 아닌가? 신에 대한 나의 사랑은 비록 간접적인 것이기는 하지만 인간애가 아닌가? 신이 인간을 사랑할 때는 인간이 바로 신의 내용이 아닌가? 내가 사랑하는 것은 나의 가장 깊은 속마음이 아닌가? 내가 사랑하지 않을 때도 나는 마음을 가지고 있을까? 아니다! 사랑만이 인간의 마음이다. 만일 내가 사랑하는 것이 없다면 사랑은 무엇이란 말인가? 따라서 내가 사랑하는 것이 나의 마음이며, 나의 내용이며, 나의 본질이다. 인간은 사랑하는 대상을 잃었을 때 왜 슬퍼하며 왜 생활의 의욕을 잃는가? 그것은

---

5 요한 1서 4:19.

왜 그런가? 인간은 사랑하는 대상을 상실하는 것과 함께 자기의 마음, 생활 원리를 상실하기 때문이다. 그러므로 만일 신이 인간을 사랑한다면 인간은 신의 심정이며, 인간의 복지(Wohl)는 신의 가장 내적인 관심사이다.

그러므로 만일 인간이 신의 대상이라면 인간은 신 안에서 자기 자신에게 대상이 되어 있는 것이 아닌가? 만일 신이 사랑이고, 그 사랑의 본질적인 내용이 인간이라면 신적인 본질의 내용은 인간적 본질이 아닌가? 인간에 대한 신의 사랑은 종교의 근거이며 중심점이다. 그러나 인간에 대한 신의 사랑은 인간의 자기 자신에 대한 사랑이 인간의 최고의 진리, 최고 본질로서 대상화되어 직관된 것이 아닌가? 그렇다면 "신은 인간을 사랑한다"라는 명제는 동양 정신이 아닌가? 종교는 본질적으로 동양적인 것이다. "신이 인간을 사랑한다"라는 명제는 독일어로 말하면 "최고의 것은 인간의 사랑이다"라는 것이다.

6장

고난받는 신의 비밀

인간화된 신 혹은 이것과 같은 것이지만 인간적인 신—즉, 그리스도—의 하나의 본질 규정은 **열정**이다. 사랑은 고난을 통하여 확인된다. 그리스도와 직접 관계되는 모든 사상이나 감정은 고난이라는 개념 속에 집중된다. 신으로서의 신은 모든 인간적인 완전성의 총체이며, 그리스도로서의 신은 모든 인간적인 불행의 총체이다. 이교적인 철학자들은 활동, 특히 지성의 활동을 최고의 활동, 신적 활동으로서 찬미하였다. 기독교도들은 고난을 신성화하고, 그것을 신 안에 정립하였다. 만일 순수 활동(actus purus)으로서의 신이 추상적인 철학의 신이라면, 기독교도들의 신인 그리스도는 그에 반하여 순수 열정(passio pura)이며, 순수한 고난이다. 즉, 최고의 형이상학적 사상이고, 마음의 지고존재(至高存在)이다.

도대체 마음에 대하여 고뇌보다 더 깊은 인상을 주는 무엇이 있을 것인가? 그런데 여기서 말하는 고뇌란 본래 그 자신은 고뇌를 갖지 않은 사람의 고뇌이며, 모든 고뇌를 초월해 있는 사람의 고뇌이며, 죄 없는 사람이나 죄로 더럽혀지지 않은 사람이 느끼는 고뇌이며, 다른 사람에게 최선의 것을 주기 위한 고뇌이며, 사랑의 고뇌이며, 자기희생의 고뇌이다. 그러나 열정의 역사는 인간의 심정 혹은 일반적으로 심혼에 대하여 최대의 감동을 주는 역사이다. 왜냐하면 심혼이라고 하는 것을 인간의 심정 이외의 다른 것으로 표상하려 하는 것은 인간의 우스운 망상이기 때문이다. 바로 이 때문에 열정의 역사 속에는 심정의 본질 이외의 어떤 것도 표현되어 있지 않으며 또 대상화되어 있지 않다는 것, 고난의 역사는 본래 인간의 오성 혹은 시작 능력(詩作能力)의 발명은 아니지만 그럼에도 불구하고 인간의 마음의 발명이 아니라는 것, 이는 고난의 역사로부터 반박의 여지 없이 귀결되는 것이다.

그러나 마음은 자유로운 상상 혹은 지성과 같은 방법으로 발명되지는 않는다. 마음은 수동적–수용적으로 관계한다. 마음에서 나오는 모든 것은 마음에 주어진 것으로 나타나서 긴박한 필연적인 힘으로 작용한다. 마음은 인간을 정복하고 지배한다. 일단 마음에 사로잡힌 사람은 사실 그의 악령, 그의 신으로서의 마음에 사로잡힌 것이다. 마음은 그 이름 자체는 특수하게 다르지만, 그 실체(die Substanz)는 마음 자체의 본질인 신 이외의 어떤 다른 신도 모르고, 그것 이외의 더 높은 탁월한 존재도 알지 못한다. 그리고 마음을 통하여, 선을 행하고 인간을 위해 살며 인간을 위해 죽을 수도 있는 내적 갈망을 통하여, 모든 인간을 행복하게 하려는 어떠한 인간도(가장 타락한 사람이나 가장 저열한 사람까지도) 제외하지 않는 자혜라는 신적 충동을 통하여, 내적 필요, 즉 마음으로 된 최고의 의미에서 자혜라는 도덕적 의무를 통하여, 그러므로 마음으로서 마음을 통하여 계시되는 것과 같은 인간적 본질을 통하여 기독교의 한층 더 높고 진실한 본질, 즉 신학적인 요소와 본질이나 모순으로부터 순화된 본질이 발생한다.

즉, 우리는 이미 앞에서 전개한 논리를 따라 종교 안에서 술어인 것을 주어로 만들어야 하며, 역으로 종교 안에서 주어인 것을 술어로 만들어야 한다. 이와 같이 우리는 종교가 부여한 신탁을 전도하여 말하자면 역리로 파악한다. 우리는 이와 같이 하여 진리에 도달한다. 신은 고뇌한다. 고뇌한다는 것은 술어이다. 그러나 신은 인간을 위하여, 다른 사람을 위하여 고뇌하는 것이며, 자기 자신을 위하여 고뇌하지 않는다. 이것을 독일식으로 말하면 어떤 뜻이 될 것인가? 다른 사람을 위해 고뇌하는 것은 신적이라고 하는 것 이외에 다른 것이 아니다. 다른 사람 때문에 고뇌하며 자신의 마음을 잊는 사람은 신적으로 행동하는 것이며, 인간에게 바로 신인 것이다.[1]

---

1 종교는 예(例)를 통하여 말한다. 예는 종교의 율법이다. 그리스도가 행한 일은 율법이다. 그리스도는 다른 사람을 위하여 고난받았다. 그러므로 우리도 그리스도가 하신 일과 똑같은 일을 해야 한다. "주는, 너희도 똑같이 자기를 비우고, 자기를 낮추며, 자기를 적게 하도록 스스로를 비우시고, 낮게 하시고, 적게 하시지 않으면 안 되었다." Bernardus (in die nat.

그러나 그리스도의 고난은 단지 도덕적, 자기 행위적 고난, 사랑의 고난, 자기 자신을 다른 사람의 행복을 위해 희생하려는 힘을 대표하는 것만은 아니다. 그리스도의 고난은 고난 그 자체, 고난 능력 일반의 표현인 한에서 고난을 대표한다. 기독교는 결코 초인간적인 종교가 아니라 인간의 연약함을 신성화하는 종교이다. 이교적인 철학자는 자기 아이의 죽음에 관한 소식을 받았을 때조차 "나는 내가 가사적(可死的)인 것을 낳았다는 것을 알고 있었다"라는 말을 한다. 이와 반대로 그리스도, 적어도 성서의 그리스도(그러나 성서 이전의 그리스도나 성서에 없는 그리스도에 관해서 우리는 아무것도 아는 것이 없다)는 나사로의 죽음(실은 다만 가사[假死]에 지나지 않았던 죽음)에 대하여 눈물을 흘리신다. 소크라테스가 태연하게 독배를 마신 데 반해 그리스도는 "만일 가능하시다면 이 잔을 내게서 지나가게 하옵소서"(Wenn es möglich, so gehe dieser Kelch vorüber)라고 외친다.[2] 그리스도는 이 점에서는

Domini), "우리는 그리스도가 보여 준 예를 열심히 주시하여야 할 것이다. … 그러한 예는 우리를 감동시키며 몰아치기 때문에 비록 그것이 어려운 일이라고 하더라도 그리고 또 그것에 대하여 고뇌해야 한다 하더라도 우리는 역시 마음으로부터 다른 사람들을 즐겨 돕고 또 다른 사람들에게 이롭도록 되는 것이다." Luther, Th. XV. S.40.

2 성 암브로시우스(Ambrosius)는 다음과 같이 말한다. "대부분의 사람들은 이 구절에 부딪힌다. 그러나 나는 다른 어느 곳에서보다 여기에서 더 그리스도의 겸허함과 존엄함에 경탄한다. 왜냐하면 만일 그리스도가 나의 열정을 수용하지 않았다면 그는 나를 유익하게 하는 일이 훨씬 적었을 것이기 때문이다." Expos. in Lucae Ev. lib. X.C. 22; "만일 신이 고뇌하는 능력을 가지고 있지 않다면 우리는 대체 어떻게 신에게 감히 가까이하고자 할 수 있을 것인가?" Bernardus, Tract. de XII. Grad. Humil. et Superb.; 멜란히톤의 친구에게 기독교도인 의사 J. Milithius는 다음과 같이 말하고 있다. "스토아학파 사람들에게 있어서는 신에게

인간적 감수성의 자기 고백이라고 할 만하다. 기독교는 이교적인 원리, 특히 엄격한 의지력과 독립성을 가지고 있는 스토아적인 원리와는 반대로 자기 자신이 가지고 있는 민감함과 감수성의 의식(意識)을 신의 의식 안으로 받아들였다. 기독교도는 그것들이 죄 깊은 약점만 아니라면 신의 안에서 부정되지도 않고 또 저주되지도 않는다는 것을 알아냈다.

고난은 기독교의 최고의 계명이다. 기독교의 역사는 그 자체가 인류의 수난사(die Leidensgeschichte)이다. 이교도들 사이에서 감성적 쾌락의 환호가 신들에 대한 의식 속에 혼합되어 있다면 기독교도들, 물론 고대의 기독교도들에게는 마음이나 심성의 눈물과 탄식이 신에 대한 봉사에 해당한다. 그러나 감성적 즐거움의 소리는 신에 대한 제의에 불과하다. 이처럼 기독교도들의 탄식은 그들의 신의 가장 내면적 심혼, 가장 내면적 본질로부터 나오는 음조이다. 신에 대한 숭배(기독교도들에게 있어서는 내적인 숭배)에 있어서는 신이 인간의 참된 신이며, 궤변적인 신학의 경우 신은 인간의 참된 신이 아니다. 그러나 기독교도들은(물론 고대의 기독교도들) 눈물, 즉 참회의 눈물, 동경의 눈물에 의하여 그들의 신에게 최고의 명예를 드린다

감정 혹은 감동(affectus)을 귀속시킨다는 것이 우스운 일 같이 보일지라도 그러나 부모들은 아이들의 불행에 관해서 사랑의 상처와 고통을 느끼는 일이 종종 있다면 신의 안에도 신의 아들이나 우리에 대하는 유사한 사랑이 일어난다는 것을 느껴야 할 것이다. … 진실한, 차갑지 않은, 왜곡되지 않은 사랑은 신도 가지고 있다." Declam. Melanchth., T. Ⅱ. S.147.

고 믿었다. 따라서 눈물은 기독교적인 심정의 감성적 정점이며, 그곳에서는 그들의 신의 본질이 반영된다. 그러나 눈물이 마음에 드는 신은 심정의 본질 이외의 다른 것을 표현하지 않는다. 사실 기독교적 종교에 있어서 그리스도는 우리를 위하여 모든 일을 하셨으며, 우리를 구원하셨으며, 우리를 신과 화해하게 하셨다고 말해지고 있다. 그리고 그런 까닭에 여기서 다음과 같은 결론이 내려진다. "우리는 기쁜 마음으로 있도록 하자. 우리는 신과 어떻게 화해해야 하는가에 대해 괴로워할 필요가 없다. 우리는 이미 신과 화해하고 있다."

그러나 고뇌의 비완료형은 구원의 완료형보다 더 강하고 더욱 영속적인 인상을 준다. 구원은 단지 고뇌의 결과에 지나지 않으며, 고뇌는 구원의 근원이다. 그러므로 고뇌는 더 깊은 심정 안에 확립되어 있다. 고뇌는 모방의 대상이 되지만, 구원은 모방의 대상이 되지 않는다. 만일 신 자신이 나 자신을 위하여 고난받았다고 한다면 적어도 신이 고난받은 무대인 이 타락한 지상에서 내가 어떻게 기뻐할 수 있을 것인가? 어떻게 나는 나의 기쁨을 누릴 수 있을 것인가?3 내가 신보다도 더 행복하다는 것이 옳은 일인가? 그렇다면 나는 신의 고난을 나의 것으로 받아들여야 하지 않는가? 나의 주이신

---

3 "나의 신은 십자가에 달려 계신다. 그런데 나는 쾌락을 즐겨도 좋을 것인가?" Form. Hon. Vital. 성 Bernhard의 위서(僞書). "십자가에 달려 계신다는 것을 생각하면 너는 너의 육신이 십자가에 달려 있는 생각을 하게 될 것이다." Joh. Gerhard, Medit Sacrae, Med, 37.

신이 이루시는 것을 내가 본받아야 할 것이 아닌가? 나는 얻기만 하고 비용을 부담하지 않아도 좋은가? 그러나 나는 도대체 다만 신이 나를 구원하였다는 것을 알고 있는 것에 불과한가? 나에게는 신의 고난의 역사 역시 대상이 아닌가? 나에게 신의 고난받은 역사는 단지 차가운 상기의 대상에 불과해도 좋은가? 혹은 신의 고난이 나에게 축복(die Seligkeit)을 주셨기 때문에 그 고난받음은 나의 기쁨의 대상이 되기만 하면 좋다는 것인가? 그러나 누가 그렇게 생각할 수 있겠는가? 누가 자기의 신의 고난받음에서 자기를 제외하기를 원할 것인가?

기독교는 수난의 종교이다.[4] 우리가 오늘날 아직도 모든 교회 안에서 만나게 되는 십자가상은 우리에게 구원자를 제시하는 것이 아니라 단지 십자가에 못 박혀 있는 사람, 고난받는 사람을 제시할 뿐이다. 기독교도들 사이에서는 자신들의 괴로운 시련까지도 심리학적으로 깊게 뿌리박혀 있는 그들의 종교적 견해의 귀결이다. 십자가상을 언제나 염두에 두고 있는 사람에게 자기 자신 혹은 타인을 십자가에 못 박고 싶다는 욕망이 왜 생기지 않을 것인가? 아우구스티누스 및 다른 교부들이 이교에 대하여 이교도들의 음탕한 종교화는 그들을 음탕으로 몰며 또 그들에게 음탕해질 권리를 부여한다고 비난한다. 우리는 마치 아우구스티누스나 다른 교부들이 이교에

---

4 "해악(害惡)을 받는 것은 선을 행하는 것보다 훨씬 더 좋은 일이다." Luther, Th. IV. e. 15.

대하여 그와 같이 비난할 자격이 있는 것처럼 기독교에 대해서도 위와 같은 결론을 내릴 자격이 있다. 그러나 신이 고뇌한다는 것은 "신은 마음이다"라고 하는 것 이외의 다른 것을 의미하지 않는다. 마음은 모든 고뇌의 근원이며 총체이다. 고뇌 없는 존재자는 마음이 없는 존재자이다. 그러므로 고난받는 신의 비밀은 감정의 비밀이다. 수난의 신이란 느끼는 신이며 다감한 신이다.5 그러나 "신은 느끼는 본질이다"라는 명제는 단지 감정은 신적 본질을 가지고 있는 것이라는 명제를 종교적으로 표현한 것에 지나지 않는다.

인간은 단지 활동의 원천을 자기 안에 가지고 있을 뿐 아니라 또한 고뇌의 원천도 자기 안에 있다는 의식을 가진다. 나는 느낀다. 그리고 나는 다만 너무나도 빈번히 나와 나의 감정을 대립시키는 의욕이나 사유가 나의 본질에 속할 뿐만 아니라 감정도 역시 나의 본질에 속한다는 것을 느낀다. 그리고 또 나는 이때 감정을 비록 모든 고뇌와 약함과 고통의 원천으로 느낀다고 하더라도, 동시에 영광스러운 신적 힘과 완전성으로 느낀다. 만일 인간에게 감정이 없다면 무엇이 될 것인가? 감정은 인간 안에 있는 음악적인 힘이다. 그러나 음악이 없는 인간은 어떻게 될까? 그러므로 인간은 멜로디나

---

5 "신은 동정하는 것을 배우기 위하여 고난받기를 원하였으며 연민을 배우기 위하여 가련하게 되고자 하시었다." Bernhard (de Grad), "당신은 저희를 불쌍히 여기소서! 왜냐하면 당신은 당신 자신의 고난을 통하여 육신의 약함을 경험하시었기 때문입니다." Clemens Alex., Paedag. lib. i. C. 8.

노래 속에서 자기의 감정을 발산하려는 음악적 충동과 내적 강제를 자신에게서 느끼는 것이다. 그리고 인간은 이와 똑같이 필연적으로 종교적 탄식이나 눈물에서 감정의 본질을 대상적 신적 본질로서 유출시키는 것이다.

종교는 인간의 본질이 그 자체 안에서 반성되고 반영(die Spigel-ung)된 것이다. 존재하는 것은 필연적으로 자기 자신이 마음에 들고, 자기 자신에게 기쁨을 느끼며, 자기를 사랑한다. 그리고 자기를 사랑한다는 것은 정당하다. 만일 존재하는 어떤 것이 자기를 사랑한다는 것을 비난한다면, 우리는 그것이 존재한다는 것을 비난하는 것이다. 존재한다는 것은 자기를 주장하며, 자기를 긍정하며, 자기를 사랑하는 것이다. 삶에 싫증 난 사람은 자기의 생명을 포기하는 사람이다. 그러므로 스토아학파 사람들과 달리 감정을 경시하거나 억압하지 않는 곳, 즉 감정의 존재를 기꺼이 허용하는 곳에서는 감정 안에 이미 종교적인 힘이나 의의도 역시 허용된다. 그리고 그곳에서 감정 역시 이미 자기 안에 반영되고 반성되어 신 안에 자기 자신의 거울을 들여다볼 수 있는 단계로 높여져 있는 것이다. 신은 인간의 거울이다.

인간에 대해 본질적 가치를 가지고 있는 것, 인간에게 완전한 것이나 우수한 것으로 인정된 것, 인간에게 참으로 만족을 주는 것, 오직 그러한 것만이 인간에게 신이다. 만일 우리에게 감정이 훌륭한 특성으로 생각된다면, 감정은 바로 그 때문에 우리에게 신적인 특성이다. 그 때문에 민감하고 감정이 풍부한 사람은 단지 민감하고 감정이 풍부한 신만을 믿는다. 즉, 그와 같은 인간은 단지 자기 자신의 존재와 본질의 진리를 믿을 뿐이다. 왜냐하면 그는 자신의 본질 속에 있는 그 자신의 본성 이외의 다른 것을 믿을 수 없기 때문이다. 그의 신앙은 그에게 신성한 것에 관한 의식이다. 그러나 인간에게 있어서 신성한 것은 인간의 가장 내부에 있는 것, 인간에게 가장 고유한 것, 인간의 개성의 궁극적인 근거, 본질뿐이다. 다감한 인간에게 무감각한 신은 공허하고 추상적이고 부정적인 신이며, 즉 무이다. 왜냐하면 무감각한 신에게는 인간에게 가치가 있고 신성한 것이 결여되어 있기 때문이다. 인간에게 있어서 신은 인간의 최고 감정이나 최고 사상의 비망록이며, 인간에게 있어 가장 귀중하고 신성한 존재물의 이름을 써넣어 두는 기념첩이다.

사람이 가치 있다고 인정한 것을 수집하고, 그 수집한 것을 참을성 있게 보존하여 망각의 물결이나 회상의 우연에(일반적으로 그 물건 자체에) 맡기지 않는다는 것은 가정적인 안락함의 표시이며, 여성적 충동이다. 자유사상가는 낭비적이고 산만하고 방종한 생활의 위험이 있게 마련이다. 만물을 하나로 총괄하는 신앙심이 있는 사람은 감성적 생활 속에서 자기 자신을 상실하지 않는다. 그러나 그 대신 그는 편견과 수도사적 자기 본위, 탐욕의 위험을 드러낸다. 그러므로 반(反)신앙자 혹은 불신앙자는 적어도 신앙자에게 주관적이고 전제적이고 거만하고 경박한 인간으로 나타난다. 그러나 그것은 불신자(不信者)에게는 믿는 사람에게 신성한 것이 그 자체로도 신성하지 않기 때문이 아니다. 오히려 불신자가 단지 자기 머릿속에 보유하고 있을 뿐인 것을 신앙자는 자기 바깥에 그리고 자기 위에 대상으로 정립하고, 그런 이유로 정식 종속(Subordination) 관계를 자기 안에 인정하기 때문이다. 간단히 말하면 믿는 사람은 비망록을 가지기 때문에 집합점이나 목적을 가지는 것이며, 목적을 갖기 때문에 확고한 지반을 가지는 것이다.

　단순히 의지나 막연한 지식이 아니라 이론적 활동과 실천적 활동과의 통일인 목적 활동만이 인간에게 도덕적인 근거와 지주, 즉 성격을 부여하는 것이다. 그러므로 각 사람은 궁극 목적을 설정하지 않으면 안 된다. 궁극 목적은 의식되고 의욕을 갖는 본질적 생활 충동이며, 천재적 눈빛이며, 자기 인식의 초점이다. 즉, 궁극 목적이란 인간 안에 있는 자연과 정신의 통일이다. 궁극 목적을 가지고 있는 사람은 자기를 지배하는 법칙을 가지고 있는 사람이다. 그는 단지 자신을 자기가 인도할 뿐만 아니라 인도되는 것이다. 궁극 목적을 갖지 않은 사람은 고향도 없으며, 신전도 없다. 최대의 불행은 무목적이다. 평범한 목적을 설정하는 사람조차 아무 목적도 설정하지 않는 사람보다 더 낫다고 할 수는 없을지라도 보다 낫게 해나간다. 목적은 제한한다. 그러나 제한은 덕의 여주인이다. 목적 그 자체에서 진실하며, 본질적인 목적을 가진 사람은 바로 이것에 의하여 종교를 가진 사람이다. 여기서 말하는 종교는 설사 신학적 무리가 생각하는 제한된 의미에서의 종교는 아닐지라도 오히려 이성(理性) 및 진리의 의미

에서의 종교이다. 그리고 오직 이성의 의미에서의 종교만이 중요한
것이다.

7장
삼위일체의 신과
성모의 비밀

감정이나 고뇌하는 능력이 없는 신이, 느끼고 고뇌하는 존재로서의 인간에게 만족을 줄 수 없는 것처럼, 감정만 있고 오성이나 의지가 없는 존재 역시 인간에게 만족을 줄 수 없다. 오직 전인(全人)을 자신 안에 포괄하고 있는 존재만이 전인을 만족시킬 수 있는 것이다. 인간이 자신의 전체성에 대해 가지고 있는 의식이 삼위일체의 의식이다. 삼위일체는 지금까지 분리해서 고찰된 모든 규정 혹은 힘을 총괄하여 통일체를 이룬다. 이와 같이 하여 삼위일체는 오성의 일반적 본질, 즉 신으로서의 신을 하나의 특수한 본질이나 하나의 특수한 능력으로 격하시킨다.

우리는 다만 신학에 의하여 삼위일체의 복제(Abdruck), 초상, 비유로서 특색 짓고 있는 것, 즉 사물 그 자체를 본질, 원형(das Urbild),

원물(das Original)로서 파악하기만 하면 된다. 이러한 방법에 의하여 우리는 그 수수께끼를 풀 수 있을 것이다. 사람들이 삼위일체를 구상화하여 이해하기 쉽게 하려는 시도에서 사용한 명목상의 상들(die angleblichen Bilder)은 주로 정신, 오성, 기억, 의지, 사랑이었다.[1]

신은 사유하고, 신은 사랑한다. 그리고 더욱이 그는 자신을 사유하며, 자신을 사랑하는 것이다. 사유된 것, 인식된 것, 사랑받는 것은 신 자신이다. 자의식의 대상화는 우리가 삼위일체 안에서 만나게 되는 최초의 것이다. 자의식은 필연적으로 불가피하게 어떤 절대자로서 인간에게 육박해 온다. 인간에게 존재(Sein)는 자의식과 하나가 되어 있으며, 의식을 가진 존재는 인간에게 전적인 존재이다. 내가 전혀 존재하지 않는다는 것과 내가 존재한다는 것을 알지 못하고 존재한다는 것은 같은 것이다. 자의식은 인간에게, 실제로는 자기 자신에게 절대적 의미를 지닌다. 자기를 알지 못하는 신, 의식을 갖지 않은 신은 신이 아니다. 마치 인간이 의식이 없으면 자기를 사유할 수 없는 것과 마찬가지로 신도 역시 그러하다. 신의 자의식이란 절대적 본질성 혹은 신적 본질성으로서의 의식에 대한 의식 이외의 다른 것이 아니다.

그러나 결코 삼위일체가 이것에 의하여 철저하게 해석된 것은 아니다. 만일 우리가 삼위일체의 비밀을 전적으로 위와 같이 환원하

---

1 Mens(정신), intellectus(오성), memoria(기억), voluntas(의지), amor 혹은 caritas(사랑).

고 제한하려 한다면 우리는 오히려 자의적인 태도를 취한 것이 된다. 추상적인 본질 혹은 규정이라는 의미에서 의식, 오성, 의지, 사랑은 다만 추상적인 철학에 속하는 것이다. 그러나 종교는 인간이 자기가 살아 있는 전체성에 관해 가지고 있는 의식이다. 그리고 인간의 살아 있는 전체성에서 자의식의 통일성은 단지 나와 너의 통일성, 관계가 풍부하며 충일한 통일성으로서만 존재한다.

종교, 적어도 기독교는 세계를 등한시한다. 내면성이 종교의 본질을 이루고 있다. 종교적 인간은 현세로부터 괴리된 생활, 신 안에 숨는 생활, 조용한 생활, 현세의 기쁨이 비어 있는 생활을 한다. 그러나 종교적 인간이 자신을 현세로부터 분리하는 것은 신 자신이 세계로부터 분리된 본질, 세계 외적으로 초세계적인 본질, 즉 엄밀하게 추상적으로, 철학적으로 표현하면 세계의 비존재이기 때문이다. 그러나 세계 외적인 본질로서의 신은 인간의 본질이 세계로부터 자기 자신으로 되돌아오고, 세계와의 모든 유대와 얽힘으로부터 해방되고, 세계를 넘어 대상적 본질로서 실현되어 직관된 것 이외의 다른 것이 아니다. 혹은 자기 이외의 다른 모든 것을 버리고 다만 자기만이 자신과 함께 있을 수 있는 힘의 의식 이외의 다른 것이 아니다. 그리고 그 힘은 종교의 내부에서, 즉 인간으로부터 구별되는 특수한 본질로서 인간에게 대상이 되는 것과 같은 것이다.[2] 신 그

---

2 "신의 본질은 마치 신이 영원 이래 자기 자신 안에 있었던 것과 같이 모든 피조물의 외부에

자체, 단순한 본질로서의 신은 전적으로 단독으로 존재하는 고독한 본질—절대적 고독과 독립성—이다. 왜냐하면 독립하여 존재하는 것만이 고독할 수 있기 때문이다. 고독할 수 있다고 하는 것은 성격과 사유력을 가지고 있다고 하는 표시이다. 고독은 사상가의 욕구이며, 협동(die Gemeinschaft)은 마음의 욕구이다. 우리는 혼자 생각할 수는 있지만 사랑할 때는 반드시 두 사람이어야 한다. 사랑 안에서 우리는 의존적이다. 왜냐하면 사랑은 자기와 다른 존재자를 욕구하기 때문이다. 우리는 오직 고독한 사유 작용에 있어서만 독립적이다. 고독은 자족(Autarkie)이며 자기만족이다.

그러나 고독한 신으로부터는 이원성(二元性), 사랑, 협동성, 현실적으로 실현된 자의식, 다른 자아에 대한 본질적인 욕구가 배제되어 있다. 그러므로 이 욕구는 종교에서는 다음과 같은 것을 통해 만족을 얻는다. 즉, 신적 본질의 고요한 고독 속에 다른 제이의—인격적으로는 신과 구별되어 있으나 본질적으로는 신과 동일한— 본질이 정립되는 것에 의하여 만족을 얻는 것이다. 다시 말하면 아들인 신이

존재하고 있다. 그러므로 모든 피조물로부터 당신의 사랑을 빼버리라." John Gerhard, Medit. Sacrae. Med. 31; "네가 만일 피조물의 창조주를 얻고자 한다면, 너는 모든 피조물 없이 지내야만 한다. 피조물 없이 지내는 일이 적으면 적을수록 신 없이 지내는 일이 그만큼 많아진다. 그러므로 모든 피조물을 그들이 부여한 모든 위안과 함께 버리라." J. Tauler, Postilla (Hamburg, 1621), S.312; "만일 인간이 단지 신과 나만이 이 세상에 존재하는 것이며, 그 외에는 아무것도 없다고 자기 마음속에서 확신을 가지고 말할 수 있다면 그는 아직 조금도 평안을 얻지 못하고 있는 것이다." G. Arnold, 『세계 멸시에 대하여, 초대 기독교도의 진상(眞像)』, L. 4, C. 2, §7.

아버지인 신과 구별되어 정립되는 것이다. 아버지인 신은 나(Ich)이며, 아들인 신은 너(Du)이다. "나"는 오성이며, "너"는 사랑이다. 그러나 오성을 가진 사랑, 사랑을 가진 오성이 비로소 정신이며, 비로소 전인(全人)이다.

다만 협동 생활만이 진정한 자기 안에서의 만족스러운 신적인 생활이다. 이 단순한 사상, 인간에게 자연으로 생득적인 이 진리는 삼위일체의 초자연적인 신비가 가지고 있는 비밀이다. 그러나 종교는 다른 모든 진리의 경우에서와 같이 이 진리 역시 다만 간접적으로, 즉 전도하여 언표할 뿐이다. 왜냐하면 종교는 여기서도 역시 "신은 협동 생활이며, 사랑과 우정의 생활이며 본질이다"라고 말하는 것에 의하며, 일반적으로 진리도 특수적인 진리로 만들며 또 참된 주어를 술어로 만들기 때문이다. 삼위일체에서의 제삼의 인격은 두 개의 신적 인격이 서로에 대하여 가지고 있는 사랑 이외에 아무것도 표현하지 않는다. 제삼 인격이란 아들과 아버지의 통일이며, 협동성의 개념이 전혀 불합리하게 스스로 재차 특수한 인격적 본질로 정립된 것이다.

그러므로 역시 신의 가족, 신과 아들과의 사이에서 사랑의 유대를 보완하기 위하여 제삼의 그리고 더욱이 여성적인 인격이 하늘에 받아들여졌다는 것은 매우 당연한 것이었다. 왜냐하면 이 제삼의 보완적인 본질일 수 있다고 하기에는 성령의 인격성이 너무나 모호하고, 너무나 불확실하고, 너무나 명백하게 시적으로 아버지와 아들의 상호적인 사랑을 인격화한 것이기 때문이다. 성모 마리아가 아버지와 아들 사이에 설정된 것은 마치 아버지가 마리아를 매개로 아들을 낳은 것과 같은 것을 의미하지는 않는다. 왜냐하면 기독교도들에게 있어서는 남자와 여자의 교합은 신성하지 않은 것이며, 죄 깊은 것으로 생각되었기 때문이다. 그러나 여성적인 본질이 아버지와 아들 옆에 설정되었다는 것만으로 충분하다.

프로테스탄트교는 신의 어머니를 옆으로 밀어 놓았다.3 그러나 밀려난 여성은 그 대신에 프로테스탄트교에 대하여 심하게 반격했다. 프로테스탄트교가 신의 어머니를 향해 사용한 무기는 프로테스탄트교 자체에, 신의 아들에게, 삼위일체 전체에 되돌아왔다. 일단 신의 어머니를 오성을 위해 희생으로 바친 자는 머지않아 신의 아들이라는 의인화된 비밀도 희생되어야만 한다. 여성적 본질이 배제되면 의인화된 관념은 분명히 은폐된다. 그러나 그때도 단지 은폐될 뿐이며 폐기되지는 않는다. 물론 프로테스탄트교는 하늘의 여성에 대한 욕구를 갖지 않았다. 왜냐하면 프로테스탄트교는 지상의 여성을 팔 벌려 수용했기 때문이다.

그러나 바로 이 때문에 프로테스탄트교는 어머니와 함께 아들과 아버지 역시 포기할 정도로 철저하고 용감했어야 했다. 오직 지상의

---

3 그러나 『일치서』(Concordienbuch)(설명 제8)와 신앙 고백서 안에서 마리아는 아직도 "진실로 신의 어머니이시며 그리고 그럼에도 불구하고 처녀로 계시는 축복된 처녀"라든가 "모든 최고의 찬양을 받을 만하다"라고 말해지고 있다.

양친을 갖지 않은 자만이 하늘의 양친을 필요로 한다. 삼위일체적인 신은 가톨릭교의 신이다. 삼위일체적인 신이 깊고, 열렬하고, 필연적인 진실한 종교적 의미를 갖는 것은 오직 모든 실재적인 유대가 부정적으로 정립되는 것이며, 은자 생활, 승려 생활, 수녀 생활과 상반되는 것이다.4

삼위일체적인 신은 내용이 풍부한 신이다. 이 때문에 삼위일체적인 신은 실제 생활의 내용이 버려지는 곳에서 요구된다. 삶이 공허하면 할수록 신은 풍요로우며 더 구체적이 된다. 현실 세계가 공허하게 되는 것과 신성이 충만해지는 것은 같은 작용이다. 오직 가난한 인간만이 부유한 신을 가진다. 신은 결핍이라는 마음으로부터 발생한다. 인간이 필요로 하는 것, 그것이 신이다. 이것이 규정되고 따라서 의식적인 것인지 무의식적인 것인지는 상관이 없다. 공허함이나 고독함으로부터 위안을 찾지 못하는 마음이 이처럼 서로 가장 친밀하게 사랑하는 본질의 결합, 공동생활이 이루어지는 신을 필요로 한다.

여기에 우리는 왜 근세에 삼위일체가 먼저 실천적 의미를 상실했

---

4 "수도사는 Melchisedech와 같이 아버지 없이, 어머니 없이, 계보 없이 존재할 수도 있을 것이며 그리고 지상의 어떤 사람도 자기의 아버지라고 부르지도 않으리라. 오히려 그는 자기에 관해서 마치 다만 그 한 사람과 신만이 존재하는 것처럼 생각할 수 있으리라." Specul. Monach, *Pseudo-Bernard*; "Melchisedech의 예에 따르면 목사는 말하자면 아버지도 어머니도 없이 존재해야 한다"고 암브로시우스는 어딘가에서 말하고 있다.

고, 최후에 이론적 의미를 상실했는가에 대한 참된 설명 근거를 갖게
된다.

8장
심성의 전능
혹은 기도의 비밀

　신은 우리의 소망과 심성의 욕구를 만족시켜 주는 사랑이다. 신은 그 자신의 마음의 소망이 실현된 것이며, 소망의 성취나 타당성의 확실성에까지 고양된 것이다. 이 확실성은 의심할 수 없는 확실성이며, 이 확실성 앞에서는 오성의 어떤 항변이나 경험, 외계(外界)의 어떤 이론(異論)도 무력하다. 확실성은 인간에게 최고의 힘이다. 인간에게 확실한 것은 그에게 존재하는 것이며 신적인 것이다.

　"신은 사랑이다"라는 언표는 기독교의 최고의 진술이긴 하지만, 이 언표는 단지 인간적 심성의 자기 확실성의 표현이며, 유일하게 정당한 힘, 즉 신적인 힘으로서 인간적 심성이 가지고 있는 확실성의 표현에 지나지 않는다. "신은 사랑이다"라는 언표는 또한 인간 심성의 내적 소망이 무조건적 타당성과 진리성을 가지고 있다는 확실성의 표현이며, 인간의 심성에는 어떤 제한도 어떤 대립물도 존재하지 않는다는 확실성의 표현이다. 모든 장엄과 화려함을 가지고 있는 전 세계도 인간적인 심성에 대해서는 무라고 하는 확실성의 표현이다.[1]

신은 사랑이다. 즉, 이것은 심성이 인간의 신이라는 것, 그러므로 절대적으로 신이며, 절대적 본질이라는 것을 뜻한다. 신은 심성의 본질이 대상화된 것이며, 제한으로부터 해방된 순수한 심성이다. 신은 인간 심정의 소원형이며, 특정한 때(Tempus finitum), 즉 확실한 현재성(Ist)으로 전환된 것이며, 감정의 전능이 무분별하게 나타난 것이며, 들릴 수 있는 기도이며, 귀에 들리는 심성이며, 우리의 고통스러운 부르짖음의 반향이다.

고통은 표현되지 않으면 안 된다. 예술가는 자기 자신의 고통을 음향에 맡겨 토로하기 위하여 불가피하게 악기를 손에 든다. 예술가는 자기의 고통에 귀 기울이며, 그것을 대상화한 것을 통하여 그 고통을 치유하는 것이다. 그는 자기의 심정에 깃들고 있는 무거운

---

1 "선량하고 정직한 인간이 신의 자애로부터 기대할 수 없는 것은 아무것도 존재하지 않는다. 신을 믿는 사람은 인간적 본질만이 받아들일 수 있는 재화, 어떤 눈도 볼 수 없고 어떤 귀도 들을 수 없으며 어떤 인간적 오성도 이해할 수 없는 사물을 기대할 수 있다. 왜냐하면 무한한 자애와 무한한 위력을 가지고 있는 본질이 인간의 문제를 배려하고 있다는 것을 믿고 또한 우리의 영혼의 불멸하다는 것을 믿는 사람들은 필연적으로 무한한 희망을 가지고 있기 때문이다. 그리고 사람들이 다만 악덕에 굴복한다든가 신을 모독하는 생활만 하지 않는다면 전혀 아무것도 이 희망들을 수포로 돌아가게 할 수 없으며 혹은 동요시킬 수조차 없는 것이다." Cudworth, Syst Intellet. cap. 5, sect. 5, §27.

짐을 허공으로 전달하며, 자기의 고통을 일반적인 본질로 만드는 것에서 그 짐을 가볍게 한다. 그러나 자연은 인간의 탄식을 들어 주지 않는다. 자연은 인간의 고뇌에 대하여 무정하다. 그러므로 인간은 자연으로부터, 즉 눈에 보이는 대상 일반으로부터 눈을 돌린다. 인간은 자신의 내부로 되돌아온다. 그리고 그는 여기에 무정한 힘으로부터 남모르게 숨어서 자기의 고뇌를 들어 주기 바란다. 그는 여기서 자기의 무거운 비밀을 말하고, 자기의 억압된 심정을 털어놓는다. 심정의 자유로운 공기, 이 언표된 비밀, 이 소외된 정신적 고통 ― 이것이 신이다. 신이란 인간의 불행에 대해 마음 깊이 숨어 흐른 사랑의 눈물이다.

> 신이란 영혼의 근저에 가로놓여 있는, 말로 표현하기 어려운 탄식이다.[2]

이 언표는 기독교적 신비주의가 표현한 가장 주목할 만한, 가장 심각한, 가장 진실한 언표이다.

종교의 가장 깊은 본질은 종교의 가장 단순한 행위―기도―에 의하여 계시(啓示)된다. 기도는 성육신의 교의가 말하고 있는 것보다 무한하게 많은 것을 포함하고 있는 활동이다. 혹은 적어도 성육신의

---

2 Sebastian Frank von Wörd in Zinkgrefs Apophthegmata deutscher Nation.

교의가 말하고 있는 것과 같은 정도를 포함하고 있는 활동이다. 단 종교적 사변은 성육신이라는 교의를 최대의 비밀로 응시하고 있다. 물론 기도는 식전, 식후의 기도나 이기주의의 기도가 아니라 고통으로 꽉 찬 기도, 위안할 길 없는 사랑의 기도, 절망으로 시작하여 환희로 끝나는 기도이다.

기도할 때 인간은 **당신**이라는 말로 신에게 말을 건다. 이리하여 인간은 소리 높이 그리고 명료하게 신을 인간의 타아로 선언한다. 인간은 자기에게 가장 가깝고 가장 친밀한 본질(존재)로서의 신에게 다른 경우에는 듣게 하는 것을 두려워하는 자기의 가장 은밀한 생각이나 가장 깊은 마음속에 있는 소망을 고백한다. 그러나 그는 이러한 소망이 이루어질 것을 신뢰하며 확신하고, 언표하는 것이다. 인간은 자기의 탄식에 대해 조금도 귀 기울여 주지 않는 본질(존재)에 의뢰할 수 있을 것인가? 그러므로 기도는 기도의 실현을 신뢰하고 표현된 마음의 소망 이외의 무엇이겠는가?3 이들 소망을 실현시켜 주는

---

3 신은 다만 신의 이름에 있어서 혹은 기독교 교회의 이익을 위해서 생기는 소망이나 청원을 이루게 해준다고 말하는 것, 간단히 말하면 신은 다만 신의 의지와 일치하는 소망을 충족시켜 줄 뿐이라고 말하는 것, 이것은 무력한 항의일 것이다. 왜냐하면 신의 의지는 바로 인간의 의지이기 때문이다. 혹은 오히려 신은 힘을 가지고 있고, 인간은 의지를 가지고 있기 때문이다. 신은 인간을 행복하게 한다. 그러나 인간은 행복하게 되려고 욕망한다. 개개의 이런 혹은 저런 소망은 분명히 이루어지지 않을 수도 있다. 그러나 종속(Gattung)—본질적인 경향—만 인정된다면, 그것은 문제가 되지 않는다. 그러므로 청함이 받아들여지지 않는 믿음이 깊은 사람은 그 청함이 이루어진다는 것이 자기에게 유익하지 못한 일일 거라고 생각하고 자위하는 것이다. S. z.B. Oratio de precatione, in Declamat. Melanchthonis. T. III.

본질은 자기 자신의 일을 들어 주고, 자기 자신에게 동의하여 이의도 항변도 없이 자기를 긍정하는 인간적 심성 이외에 무엇이란 말인가?

세계라는 표상을 망각하고 있지 않은 인간, 즉 지상에서는 모든 것이 단지 매개되어 있고, 여러 가지 결과(die Wirkung)는 자기의 자연적인 원인을 가지고 있고, 각각의 소망은 그것이 목적이 되고 상응하는 수단이 획득되는 것이 아니면 이룰 수 없다는 표상을 망각하고 있지 않은 인간 ― 이러한 인간은 기도하지 않는다. 그런 인간은 오직 노력할 뿐이다. 그런 인간은 실현 가능한 소망을 실제 활동의 목적으로 전화하여 자기가 주관적으로 인정하는 다른 소망을 억압하든가 혹은 단지 주관적인 경건한 소망으로서 고찰하든가 할 뿐이다. 간단히 말하면 그와 같은 인간은 자기의 본질을 세계―그는 자신을 세계의 성원(成員)이라고 생각한다―에 의하여 제한하고 제약하여 자기의 소망을 필연성이라는 표상을 통해 제한하고 제약한다. 이것에 반하여 기도할 때 인간은 그의 심성에서 세계와 이것과 함께 매개의 사상, 의존성의 사상, 슬퍼해야 할 필연성의 사상을 배제한다. 그는 여기에서 자기의 소망이나 심정의 문제들을 독립적인, 전능한, 절대적 본질의 대상으로 만든다. 즉, 그것들을 무제한으로 긍정하는 것이다.

신은 인간적 심성을 긍정하는 말(das Jawort)이다. 기도는 인간적 심성이 주관적인 것과 객관적인 것의 절대적인 동일성에 대해 가지고 있는 무조건적인 신뢰이다. 기도란 심정의 힘이 자연의 위력보다 더 위대하다는 확실성이며, 마음의 욕구는 모든 것을 지배하는 필연성이며 세계의 운명이라는 확실성이다. 기도는 자연의 운행을 변화시킨다. 기도는 신이 자연의 법칙과 모순되는 것과 같은 결과를 만들어 내도록 규정한다. 기도란 인간의 심정이 자기 자신에 대하여, 자기 자신의 본질에 대하여 취하는 태도이다. 기도에 있어서 인간은 자기의 소망에는 제한이 실존하고 있다는 것을 망각하고 있으며, 이와 같은 망각 속에서 행복을 느끼고 있다.

기도는 인간 자신이 두 개의 본질로 분할되는 것이다. 인간이 자기 자신과, 자기의 마음과 대화하는 것이다. 기도를 소리 높이, 명료하게, 힘있게 언표하는 것은 기도의 결과를 야기하는 데 필요한 것이다. 기도는 불가피하게 입술 위로 흘러나온다. 심장의 압박은 입의 장벽을 폭파한다. 그러나 소리 높은 기도는 단지 자기의 본질을 계시하는 기도에 지나지 않는다. 비록 실제로 언표되지 않았다 하더라도 기도는 본질적인 이야기(Rede)이다. 라틴어의 이야기(Oratio)는 양자(기도와 이야기)를 의미한다. 인간은 기도에 있어서 자신을 압박하고 있는 것이나 일반적으로 자신 가까이 있는 것에 대하여 숨김없이 언표한다. 인간은 자신의 심정을 대상화한다. 여기에서 기도의 도덕적인 힘이 생기는 것이다.

정신 집중은 기도의 조건이라고 사람들은 말한다. 그러나 정신 집중은 조건 이상의 것이다. 기도는 그 자체가 정신 집중이다. 즉, 기도는 주의를 산만하게 하는 모든 생각을 배제하는 것이며, 외부로부터 방해하는 모든 영향을 배제하는 것이며, 단지 자기 자신의 본질과 관계하기 위하여 자기 자신 안에서 내성하는 것이다. 사람들은 다만 신뢰할 수 있는, 성실한, 마음으로부터의, 친밀한 기도만이 구원해 준다고 말한다. 그러나 이 구원은 기도 자체 안에 가로놓여 있다. 종교에서 도처에 주관적인 것, 인간적인 것, 종속적인 것이 제일의 것, 제일 원인, 사실 그 자체인 것과 같이 여기서도 이 주관적 특성들은 기도 자체의 객관적 본질이다.[4]

---

4 주체적 근거에서도 역시 협동적 기도는 개인적인 기도보다 더 효과적이다. 협동은 심성의 힘을 고양시키며 자기감정을 높인다. 사람이 혼자서는 할 수 없는 일도 다른 사람들과 함께하면 가능하다. 고립감은 제한되어 있는 감정이다. 협동감은 자유의 감정이다. 그러므로 인간은 자연의 폭력에 위협당하면서 함께 무리를 이룬다. 암브로시우스(Ambrosius)가 말한 것과 같이 "수가 많은 사람들의 기도가 아무것도 획득할 수 없다는 것은 있을 수 없는 일이다. … 많은 수의 인간에게 베풀어지는 것도 개인에게는 거부된다." P. Paul Mezger, Sacra hist. de gentis hebr. ortu. Aug. V. 1700. S.668-669.

9장
하늘 혹은 인격의
기독교적 불멸

하늘의 삶 혹은 인격의 불멸성(나는 여기서 양자를 구별하지 않는다)은 기독교의 특징적인 교의의 하나이다. 확실히 인격의 불멸성은 얼마간 이교적인 철학자들에게서도 발견된다. 그러나 이교적인 철학자들에게 있어서는 인격의 불멸성이 단지 환상(Phantasie)의 의미를 지닐 뿐이다. 왜냐하면 인격의 불멸은 그들의 근본 견해와 연관되어 있지 않았기 때문이다. 예를 들면 스토아학파 사람들은 이 대상에 관해 얼마나 모순투성이의 말들을 하고 있는가! 인격의 불멸성은 기독교도들에게서 처음으로 발견되었다. 즉, 그들은 인격의 불멸성이 필연성을 가진 자명한 진리로 명백하게 귀결된 원리를 찾아냈다. 세계, 자연, 종속(Gattung)의 직관이 고대인들의 계획을 끊임없이 방해하고 있었다. 고대인들은 생활 원리와 살아 있는 주관과의 사이에 구별을 짓고, 혼이나 정신과 자기 자신 사이에 구별을 짓고 있었다. 그러나 기독교도는 혼과 인격, 종과 개체 사이의 구별을 폐기하였다. 그러므로 기독교는 종의 전체성에 소속하고 있을 뿐인 것을 직접으로 자기 자신 속에 정립하였다. 그러나 유와 개체와의 직접적 통일성은 바로 기독교의 최고의 원리인 신이다. 기독교에 있어서 개인은 절대적 본질의 의미를 지닌다. 그리고 이 원리의 필연적인 귀결은 바로 인격의 불멸성이다.

　오히려 인격의 불멸성에 대한 신앙은 인격신에 대한 신앙과 완전히 동일하다. 다시 말하면 기독교도들에게 있어서는 신이 대상인 것처럼 신은 인격의, 하늘의 불멸하는 삶이 표현하고 있는 것과 동일한 것을 표현하고 있다. 즉, 인격의 불멸에 대한 신앙은 구속되지 않은 절대적 인격성을 표현하는 것이다. 구속되지 않은 인격성은 신이다. 그러나 하늘의 불멸하는 인격성이란 모든 지상적인 무거운 짐과 제한을 모면한 인격성 이외의 다른 것이 아니다. 차이라면 다만 신이 정신적인 하늘(der Himmel)이며, 하늘은 감성적인 신이라는 것, 신 안에서 사유되는 것은 하늘에 있어서는 공상의 객체로서 정립된다는 것뿐이다. 신이란 오직 전개되지 않은 하늘에 지나지 않으며, 현실적인 하늘은 전개된 신이다.

　현재는 신이 하늘나라이며, 장래에는 하늘이 신이다. 신은 미래의 보증이며 미래의 현재성과 실존이다. 그러나 미래의 현재성과 실존이란 아직 추상적이다. 신은 또한 예상되는 축약된 하늘이다. 우리 자신의 미래의 본질이긴 하지만 우리로부터, 현재 이 세계 안에 이 육체 안에 존재하는 우리로부터 구별되어 단지 이상적으로 대상적인 본질이 신인 것이다. 다시 말하면 신은 저 세계에서 자기를 현실화하고 개별화하게 될 유의 개념이다. 신은 저 세계에서 하늘나라의 순수한 존재로서 실존하게 될 하늘나라의 순수하며 자유로운 본성이며, 저 세계에서 축복되는 많은 개인 안에서 자기를 전개하는 축복 그 자체이다. 그러므로 신은 절대적인, 축복된 하늘나라의 생활의 개념 혹은 본질 이외의 다른 것이 아니다. 그러나 이 생활이 여기서는 그 자신 아직 하나의 이상적인 인격성 안에 총괄되어 있다. 이것은 축복된 삶이 신과의 합일이라는 신앙 안에 충분히 언표되어 있다. 이 세계에서 우리는 신으로부터 구별되고 분리되어 있지만 저 세계에서는 장벽이 무너진다. 이 세계에서 우리는 인간들이며 저 세계에서는 신들(Götter)이다. 이 세계에서 신성은 독점물이나 저 세계에서는 공유 재산이다. 이 세계에는 추상적인 단일성(Einheit)이 있고 저 세계에는 구체적인 다수성이 있다.[1]

---

[1] "우리가 신과 동등할 때, 즉 신 자신이 신으로 존재하는 것이 될 때 우리는 존재하는 그대로의 신을 볼 수 있을 것이라는 의미를 성서는 이미 아름답게 말하고 있다. 왜냐하면 신의 아들이 되는 힘이 부여된 사람들에게는 신이 되는 힘은 아니지만, 적어도 존재하는 그대로의 신이 되는 힘도 역시 부여되어 있기 때문이다." 『독신 생활에 관해서』(*Pseudo-Bernhard*); "선한 의지의 목적은 행복이다. 그러나 영생은 신 자신이다." 아우구스티누스, *bei Petrus Lom*, Lib. II, dist. 38. C. I.; "행복은 신성 자체이다." Boethius, 『철학의 위안』 Lib. III. Prosa. 10; "행복은 신과 동일한 것이다." Thomas Aq., Summa cont. Gentiles, L. I. C. 101; "다른 인간은 성적 생활에로 경신(更新)될 것이다. 그는 생활에서, 정의에서, 영광에 있어서, 지혜

이 대상의 인식을 곤란하게 하는 것은 상상으로 야기되는 것뿐이다. 상상은 한편에 있어서는 신의 인격성과 독립성과의 표상을 통하여, 다른 편에서는 많은 인격성이라고 하는 표상을 통하여 개념의 통일성을 분열시킨다. 상상은 동시에 보통 많은 인격성을 감성적인 색채를 가지고 채색된 나라로 이주시킨다. 그러나 실은 신으로 생각되는 절대적인 삶과 하늘로 생각되는 절대적인 삶과의 사이에는 아무런 구별도 없다. 단지 신 안에 한 점으로 압축되어 있는 것이 하늘에서는 길이와 넓이로 연장된다는 차이가 있을 뿐이다. 인간의 불사(不死)에 대한 신앙은 순수하고 모든 제한에서 구출된, 따라서 바로 그 때문에 불사인 인격성에 대한 신앙이다. 불멸인 영혼과 신 사이에 만들어진 구별은 단지 궤변적인 구별에 불과하든가 혹은 상상적인 구별이다. 예를 들면 우리가 신과 하늘나라의 본질 사이에 구별을 확정하기 위하여 하늘에 살고 있는 사람들의 행복에 또다시 여러 제한을 정하고 그 행동의 여러 단계를 설치하여 그것을 분류할 때 신과 불멸인 영혼과의 구별은 궤변적 혹은 상상적인 것이다.

신적인 인격성과 하늘나라의 인격성의 통일성은 불사에 관한 통속적인 증명 속에도 나타나 있다. 만일 이 세계의 삶과는 다른 더 좋은 삶이 하나도 없다면 신은 정의도 선도 아니다. 그와 같이 신의 정의와 자비는 개인의 영속적 삶에 의존하게 된다. 그러나 정의

에 있어서 신과 동등하게 될 것이다." Luther, T. I. S. 324.

와 자비가 없으면 신은 신이 아니다. 그러므로 신성이나 신의 실존은 개인의 실존에 의존하게 된다. 만일 내가 불사가 아니라면 나는 어떤 신도 믿지 않는다. 불사를 부정하는 자는 신을 부정한다. 그러나 나는 그와 같은 것을 믿을 수가 없다. 신이 확실한 만큼 그만큼 나의 행복은 확실하다. 신은 나에게 있어서 바로 행복의 확실성이다. 신이 존재한다고 하는 관심은 내가 존재한다—영원히 존재한다—고 하는 관심과 동일하다. 신은 나의 숨은 실존이며, 나의 확실한 실존이다. 신은 모든 주관의 주관성이며, 모든 인격의 인격성이다. 그러므로 인격성에 속하는 것이 모든 인격에 속하지 않는 일이 어떻게 있을 법한 일인가? 신 안에서 나는 바로 나의 미래형(Futurum)을 현재형으로 혹은 오히려 동사형을 명사형으로 만든다. 어떻게 한 쪽이 다른 쪽으로부터 분리될 수 있겠는가? 신은 나의 소망과 감정에 상응하는 실존이다. 신은 정의의 사람이며, 나의 소망을 이루어 주시는 자비로운 자이다. 자연이나 이 세계는 나의 소망과 감정에 모순되는 실존이다.

여기서 사물은 있어야 하는 대로 있는 것이 아니다. 즉, 이 세계는 소멸한다. 그러나 신은 있어야 하는 것과 같이 있는 존재이다. 신이 나의 소망을 이루어 준다고 하는 것은 단지 신은 나의 소망의 실현자—즉, 소망이 현실화하여 성취되는 형태—라고 하는 명제의 통속적인 인격화에 지나지 않는다.[2] 그러나 하늘이라는 것은 바로 나의 소망이나 동경에 상응하는 존재이다.[3] 따라서 신과 하늘 사이에는 아무 구별도 존재하지 않는다. 신은 인간으로 하여금 그의 영원한 행복을 실현시키는 힘이다. 신은 모든 개개의 인격들의 행복과 불사가 확실성을 가진 절대적 인격성이다. 신이란 인간 본질의 절대적 진실성에 대한 최고이며, 궁극적인 확실성(Gewißheit)이다.

불사의 교의는 종교의 결론이며, 종교의 최후적인 의지가 표현된 유언장이다. 그 때문에 종교는 다른 곳에서 침묵하는 것을 여기서는 언표한다. 다른 곳에서는 어떤 다른 본질의 실존이 문제라고 하면, 여기서는 분명히 자기 자신의 실존만이 문제가 된다. 다른 곳에서는 종교에 있어서 인간의 존재가 신의 존재에 의존되어 있다면, 여기서는 인간이 신의 실존을 인간 자신의 실존에 의존하게 한다. 그러므로 다른 곳에서 인간에게 제일차적이고 직접적인 진리인 것이 여기서는 파생적인 제이차적인 진리이다. 내가 만일 영원히 존재하는 것이 아니라면 그때 신은 신이 아니며, 만일 어떤 불사도 존재하지 않는다

---

2 "만일 썩지 않는 실체가 우리에게 선이라고 한다면 신이 그와 같은 실체를 우리에게 만들어 줄 것이라는 것을 우리는 왜 의심하려 하는 것일까?" Augustinus, Opp. Antwerp, 1700, T.v. S. 689.

3 "천국적인 실체란 정신적인 육체를 이름한다. 왜냐하면 천국적인 실체는 정신의 의지를 따를 것이기 때문이다. 너희 자신에게서 나오는 것이 너희에게 모순되는 것은 아무것도 없을 것이며, 너희 속에 존재하는 것으로 너희에게 반항하는 것은 아무것도 없을 것이다. 너희는 너희가 존재하고자 하는 동일한 순간에 존재할 것이다." Augustinus, L.C., 703, 705; "그곳에는 더러운 것, 적의 있는 것, 불화한 것, 모양이 흉한 것, 눈에 거슬리는 것은 아무것도 존재하지 않을 것이다." Augustinus, L. C. p. 707; "다만 행복한 사람만이 자신이 욕망하는 대로 생활한다." Ders., *De Civit*, Dei lib. 10. c. 25.

면 어떤 신도 존재하지 않는다. 사도 바울이 이미 그와 같은 결론을 내렸던 것이다.

만일 우리가 부활하지 않는다면 그리스도는 부활하지 않으며, 만사는 무가 된다. 먹고 마시자! 우리는 확실히 이러한 추론 형식을 피하는 것에 의하여 통속적인 증명 속에 가로놓여 있는 외견적인 불쾌나 현실적인 불쾌를 제거할 수는 있다. 그러나 위와 같은 추론 형식을 피할 수 있는 것은 오직 불사를 분석적 진리로 만드는 것으로만 가능하다. 그렇게 되면 신의 개념은 바로 절대적 인격성 혹은 주관성의 개념으로서 이미 스스로 불멸성의 개념이 된다. 신은 나의 미래에 실존을 보증한다. 왜냐하면 신은 이미 나의 현재 실존의 확실성이고 진리이며, 나의 구원이고, 나의 위안이며, 외계의 힘에 대한 보호소이기 때문이다. 그러므로 나는 불사를 일부러 귀결로 끌어낼 필요가 전혀 없으며 또 고립된 진리로 명시할 필요도 없다. 왜냐하면 내가 신을 가지고 있다면 나는 불사를 지닌 것이기 때문이다. 더 심원한 기독교적 신비가에게는 불사의 개념이 신의 개념 안에 포함되어 있었다. 그들에게 신은 그들의 불사의 삶이었다. 그들에게는 신 자신가 주관적인 행복이었다. 그러므로 그들—그들의 의식—에 있어 신의 존재는 신 자체로서의 존재, 즉 종교의 본질로서의 존재였다.

이와 같이 하여 신은 하늘이며, 신과 하늘은 동일물이라는 것이 증명된다. 역(逆)의 증명, 즉 하늘은 인간 본래의 신이라는 증명이 더 용이할 수도 있다. 인간은 자기의 하늘을 생각하는 것과 똑같은 방법으로 자기의 신을 생각한다. 인간에게 하늘의 내용 규정성은 인간의 신의 내용 규정성이다. 구별은 다만 신에 있어서는 기획이나 초안에 불과한 것이 하늘에 있어서는 감성적으로 채색되어 있다는 것 속에만 있을 뿐이다. 그러므로 하늘은 종교의 가장 내적인 비밀을 여는 열쇠이다. 마치 하늘이 객관적으로는 신성의 본질이 해명된 것인 것처럼 주관적으로는 종교의 가장 내적인 사상과 심성이 가장 솔직하게 언표된 것이다. 그러므로 모든 종교는 모든 하늘나라가 다른 것과 같이 다양하며, 인간의 본질적인 구별이 있는 것처럼 상이한 하늘나라들이 존재한다. 기독교도들 자신도 하늘을 다종다양하게 생각한다….4

신이란 인간의 본질이 인간적 개체에 있어서 그것이 감정에서든 혹은 사유에서든 제한이나 악(惡)으로 현상되는 것으로부터 순화된 것 이외의 다른 것이 아니다. 그처럼 피안(Jenseits)이란 제한이나 악으로 현상된 것으로부터 해방된 차안 이외의 다른 것이 아니다. 개체가 제한을 제한으로, 악을 악으로 명확하게 그리고 분명하게

---

4 그리고 기독교는 똑같이 그들의 신도 다종다양하다고 생각한다. 그래서 경건한 기독교적 독일인다운 사람들은 "독일적 신"을 가지고 있다. 따라서 경건한 스페인 사람들은 "스페인적 신"을 가지며, 프랑스 사람들은 "프랑스적 신"을 가지고 있다. 프랑스 사람들은 실제로 선한 신은 프랑스 사람이라고 말하고 있다. 실제로 많은 민족이 있는 한 다신교가 실존한다. 어떤 민족의 실제의 신은 그 민족의 국민성이 명예로 하고 있다는 점(point d'honneur)이다.

의식하면 할수록 제한이 없어진 피안의 삶에 대한 그의 확신은 그만큼 더 명확하고 분명하다. 피안이란 이 세계에서 개체의 자기감정과 실존을 침해하고 있는 제한으로부터 자유롭게 하는 감정이며 표상이다. 종교의 진행이 자연적이고 이성적인 인간의 진행과 구별되는 것은 단지 다음과 같은 점에 의해서만 그러하다. 즉, 자연적인 혹은 이성적인 인간이 최단선으로 그리는 직선에서 이루는 진행을 종교는 곡선, 실은 원주의 선에 있어서 그린다는 것에 의하여 구별된다. 자연적인 인간은 자기의 고향에 머물러 있다. 왜냐하면 그에게는 이곳이 마음에 들기 때문이며, 그는 이곳에서 완전하게 만족하고 있기 때문이다. 불만족, 불화에서 시작하는 종교는 고향을 버리고 멀리 떠난다. 그러나 그것은 오직 먼 곳에서 고향의 행복을 더욱 생생하게 느끼기 위한 것이다. 인간은 종교에 있어서 자기를 자기 자신으로부터 분리한다. 그러나 그것은 그가 출발한 같은 점에 언제나 복귀하기 위한 것이다.

인간은 자기를 부정한다. 그러나 그것은 스스로 자기를 또다시 그리고 더욱이 이번에는 영광스러운 형태로 조정하기 위한 것이다. 이와 같이 인간은 이 세계의 삶을 내버린다. 그러나 그것은 스스로 결국은 차안을 피안으로 또다시 설정하기 위한 것이다.[5] 잃어버리기

---

5 그러므로 저세상에서는 모든 것이 회복된다. "한 개의 이(齒) 혹은 하나의 손톱조차도 잃어져 가서는 안 된다." Aurelius Prud. , *Apotheos*, de Resurr. Carnis Hum. 그리고 너희 눈 속에 조야한, 육적인 그리고 그 때문에 너희에 의해서 부인된 이 신앙은 그것만이 모순이 없는

도 하였으나 또다시 발견된 그리고 재발견의 환희 속에서 더욱더 밝게 빛나고 있는 차안이 바로 피안이다. 종교적인 인간은 이 세계의 기쁨을 포기한다. 그러나 그것은 오직 그 대신에 하늘의 기쁨을 획득하기 위한 것이다. 혹은 오히려 종교적인 인간이 이 세계의 기쁨을 포기하는 것은 이미 적어도 정신적으로 하늘의 기쁨을 점유하고 있기 때문이다. 그리고 하늘의 기쁨은 이 세계에서의 기쁨과 같은 것이다. 다만 하늘의 기쁨은 이 세계의 삶이 가지는 제한과 재난으로부터 해방되어 있을 뿐이다.

종교는 이와 같이 자연적인 인간이 직선적으로 서둘러 향해가는 목표(기쁨의 목표)에, 우회로에 의한 것이기는 하지만, 도달하는 것이다. 상징 속에 있는 본질이 종교의 본질이다. 종교는 사상(事象)을, 상징을 위해 희생한다. 피안은 상상의 거울에 비치는 차안이다. 피안은 사람을 매료하는 상징이며, 종교의 의미에 있어서 차안의 원상(das Urbild)이다. 이 세계의 실제 생활은 단지 저 세계의 정신적-상징적인 생활의 가상이며 미광에 지나지 않는다. 피안은 상징 속에서 직관되어 모든 조야한 물질로부터 정화되고 미화된 차안이다.

미화나 개량은 결점이나 불쾌를 전제한다. 그러나 불쾌는 단지 표면적인 것에 지나지 않는다. 나는 사실로부터 가치를 배제하지

신앙, 그것만이 성실한 신앙, 그것만이 진실한 신앙이다. 인격의 동일성에는 육체의 동일성이 필요하다.

않는다. 단지 그 사상이 존재하는 그대로는 내 마음에 들지 않는다는 것뿐이다. 나는 단지 내용을 거부할 뿐 본질을 거부하는 것은 아니다. 그렇지 않으면 나는 그 사상을 전멸하려 할 것이다. 나는 철저하게 내 마음에 들지 않는 집을 헐어 버리기는 하지만 미화(美化)하지는 않는다. 피안에 대한 신앙은 현세를 포기하지만, 현세의 본질을 포기하지는 않는다. 다만 존재하는 그대로의 현 세계가 내 마음에 들지 않는다는 것뿐이다. 피안을 믿는 사람에게도 기쁨은 마음에 드는 것이다. 누가 기쁨을 어떤 진실한 것이나 본질적인 것으로서 느끼지 않을 수 있을까? 그러나 현세에서는 기쁨 뒤에 반대의 감정이 따른다는 것, 기쁨이 일시적이라는 것이 그의 마음에 들지 않는다.

그러므로 그는 마치 이 세상에서 이미 기쁨을 신 안에 조정하는 것처럼 기쁨을 피안에―그러나 영원하며 중단되지 않는 신적인 기쁨으로서― 조정한다. 피안은 이 때문에 기쁨의 나라라고 불린다. 왜냐하면 신은 영원하며 중단되지 않는 기쁨이 하나의 본질로서 생각되는 것 이외의 다른 것이 아니기 때문이다. 피안을 믿는 사람에게는 개체가 마음에 든다. 그러나 다만 객관적인 충동으로 부담을 주지 않는 개체만이 그의 마음에 드는 것이다. 그러므로 그는 개체도 피안에 포함시킨다. 그러나 그가 포함시킨 개체는 순수하고, 절대적이며, 주관적인 개체이다. 빛은 마음에 들지만 중력은 마음에 들지 않는다. 왜냐하면 중력은 개체에 제한으로 나타나기 때문이다. 밤은 마음에 들지 않는다. 밤에 인간은 자연에 복종하기 때문이다. 그러나 저 세계에는 빛은 있으나 중력이나 밤은 전혀 존재하지 않는다. 저 세계에는 순수한, 방해받지 않는 빛이 있을 뿐이다.6

인간은 자신에게서 떨어져 신 안에서 언제나 또다시 자기 자신으로 귀환하며, 언제나 자기 자신의 주위를 돌고 있다. 그와 같이 인간은 차안으로부터 한껏 떨어져서 또다시 결국에는 차안으로 복귀한다. 신은 처음에 인간 외적으로 초인간적으로 보이면 보일수록 도중 혹은 종말에 있어서는 그만큼 더 인간적으로 보인다. 똑같은 하늘의 삶이, 처음에는 혹은 멀리서 바라볼 때 초자연적으로 보이면 보일수록 종말에는 혹은 가까이에서 고찰되면 하늘의 삶과 자연적 생활과의 통일성이 그만큼 더 많이 나타난다. 그리고 그 통일성은 최후의 육이나 육체에까지 퍼져가는 통일성이다. 마치 신의 직관에서는 개체로부터 본질의 분리가 중요한 것처럼 우선은 육체로부터 영혼의 분리가 중요하다. 신의 직관에서 개체는 정신적으로 죽는다. 잔존하는 사체가 인간적 개체이며, 사체로부터 분리된 영혼이 신이다. 그러나 육체로부터 영혼의 분리, 개체로부터 본질의 분리, 인간으로부터 신의 분리는 또다시 폐기되지 않으면 안 된다. 합체하고 있는 제 본질을 분리한다는 것은 고통이다.

영혼은 자신의 상실한 부분, 자기의 육체를 또다시 그리워한다.

---

6 "부활 후에 시간은 이미 낮과 밤으로 측정되지 않는다. 오히려 밤이 없는 낮이 존재할 것이다."
Damascen, *Orth.* Fidei 1. ii. c. 1.

그리고 그것은 마치 신, 분리된 영혼이 또다시 실제의 인간을 그리워하는 것과 같다. 그러므로 신이 또다시 인간이 되는 것과 똑같이 영혼은 자기의 육체 안으로 돌아간다. 그리하여 차안과 피안과의 완전한 통일이 이제야 또다시 원상태로 회복된다. 물론 이 새로운 육체는 빛으로 가득 찬 육체이며, 정화(淨化)된 육체이며, 경탄할 만한 육체이다. 그러나 신이 인간적 본질과는 다른 본질이며 인간적 본질과 같은 본질인 것처럼, 이 새로운 육체는 다른 육체이며 또한 같은 육체이다.7 그리고 이 일은 중요한 문제이다.

우리는 여기서 또다시 모순되는 것을 통일하게 하는 기적의 개념에 도달한다. 초자연적인 실체는 공상의 실체이다. 그러나 바로 그 때문에 초자연적인 실체는 인간의 심성에 상응하는 실체이다. 왜냐하면 초자연적인 실체는 인간을 괴롭히지 않는 실체이며, 순수하게 주관적인 실체이기 때문이다. 피안에 대한 신앙은 공상의 진리성에 대한 신앙 이외의 다른 것이 아니다. 그리고 그것은 마치 신에 대한 신앙이 인간 심성의 진리성과 무한성에 대한 신앙인 것과 같은 것이다. 혹은 신에 대한 신앙이 단지 인간의 추상적인 본질에 대한 신앙에 지나지 않는 것과 같이 피안에 대한 신앙은 단지 추상적인 차안에 대한 신앙에 지나지 않는다.

---

7 "육체는 동일한 육체이며, 그래도 아직 동일한 육체가 아닐 것이다." Augustinus, V.J. ch. Doederlein, Inst. Theol. Christ. Altorf (1781), §280.

그러나 피안의 내용은 인격성의 행복, 즉 영원의 행복이다. 인격성은 현세에서는 자연에 의해 제한되고 침해되어 존재하고 있다. 그러므로 피안에 대한 신앙은 자연의 제한으로부터 해방되는 주관성의 자유에 대한 신앙이며, 따라서 인격성의 영원성과 무한성에 대한 신앙이다. 그러나 여기서 말하는 인격성의 영원성과 무한성이란 언제나 새로운 개체 안에서 자기를 전개하는 유적 개념 안에서의 인격성의 영원성과 무한성이 아니라 이미 실존하고 있는 개체 그 자체의 영원성과 무한성이다. 따라서 피안에 대한 신앙은 인간의 자기 자신에 대한 신앙이다.

　　그러나 하늘나라에 대한 신앙은 신에 대한 신앙과 동일하다. 하늘나라에 대한 신앙과 신에 대한 신앙 속에는 동일한 내용이 들어있다. 신은 자연의 모든 제한을 모면한 순수하고 절대적인 인격성이다. 신은 철두철미하게 인간적인 개체가 존재해야 하며 또 존재하게 될 것을 현실화한 것이다. 그러므로 신에 대한 신앙은 인간이 자기의 본질에 대해 가지고 있는 무한성과 진리에 대한 인간의 신앙이다. 신적 본질은 인간적 본질 특히 자기의 절대적 자유와 비제한성 안에 있는 주관적-인간적 본질이다.

　　우리의 가장 본질적인 과제는 이것으로 마치게 된다. 우리는 신의 세계 외적-초자연적-초인간적인 본질을 인간적 본질의 성분으로 환원하였다. 인간적 본질의 성분은 신의 본질의 근본 성분이다. 우리는 결론에서 재차 처음으로 되돌아왔다. 인간은 종교의 시작(der

Anfang)이며, 종교의 중간점이고, 종교의 종점이다.

10장
신앙과 사랑의 모순

… 종교의 숨은 본질은 신적인 본질과 인간적 본질의 **통일**(Einheit)
이다. 그러나 종교의 형식 혹은 드러나고 의식된 본질은 신적인 본질
과 인간적 본질의 **구별**이다. 신은 인간적 존재이다. 그러나 신은
특정한 존재로서 알려진다. 그런데 사랑이란 종교의 숨겨진 본질을
드러내는 것이다. 그러나 신앙은 종교의 의식된 형식을 형성하는
것이다. 사랑은 인간을 신과 동일화하고, 신을 인간과 동일화하며,
따라서 인간과 인간을 동일화한다. 신앙은 신을 인간으로부터 분리
하고, 그 결과 인간을 인간으로부터 분리한다. 왜냐하면 신은 인류의
신비적 유개념 이외의 다른 것이 아니며, 따라서 인간으로부터의
신의 분리, 인간으로부터의 인간의 분리이며, 협동적 유대의 해소
(Auflösung)이기 때문이다.

종교는 신앙을 통해 인간의 도덕이나 이성이나 진리에 대하여

단순한 감각과의 모순에 빠진다. 그러나 종교는 사랑을 통해 재차 이 모순에 대립한다. 신앙은 신을 개별화한다. 신앙은 신을 하나의 특수한 다른 본질로 만든다. 사랑은 신을 일반화한다. 사랑은 신을 보통의 존재로 만든다. 그리고 이 존재의 사랑은 인간에 대한 사랑과 동일하다. 신앙은 인간을 내부에서 자기 자신과 분열시키며, 따라서 외부에서도 분열시킨다. 그러나 사랑은 신앙이 인간의 마음속에 만드는 상처를 치유한다. 신앙은 그의 신에 대한 신앙을 율법으로 만든다. 사랑은 자유이다. 사랑은 무신론자조차도 벌하지 않는다. 왜냐하면 사랑은 그 자체가 무신론적이며, 인간에 대립하는 특수한 신의 존재를, 비록 이론적으로 반드시 그런 것은 아니라 할지라도, 적어도 실천적으로 부정하기 때문이다.

신앙은 이것은 참이고, 저것은 거짓이라고 구별한다. 신앙은 진리를 오직 신앙으로 돌린다. 신앙은 한정된 특수한 진리(이것은 그러므로 필연적으로 부정과 결합되어 있다)를 신앙의 내용으로 가지고 있다. 신앙은 본성적으로 배타적이다. 단지 하나의 일만이 진리이고, 단지 한 사람만이 신이며, 단지 한 사람에게만 신의 아들의 독점권이 존재한다. 다른 모든 것은 무이며 오류이며 망상이다. 다만 여호와(Jehovoh)만이 참된 신이다. 모든 다른 신들은 공허한 우상들이다….

신앙은 특수한 명예감과 자신감을 인간에게 부여한다. 신앙을 가진 사람은 자기가 다른 사람들보다 우월하고 자연적인 인간 위에 있다는 것을 발견한다. 그는 자기를 우수한 인간, 특권을 가진 사람으로 알고 있다. 신앙이 있는 사람은 귀족이며, 신앙이 없는 사람은 평민이다. 신이란 신앙이 있는 사람이 신앙이 없는 사람에 대한 구별과 특권이 인격화한 것이다.[1] 그러나 신앙은 인간 자신의 본질을 어떤 다른 본질로 표상하기 때문에 신앙이 있는 사람은 자기의 명예를 직접 자신 안에 두지 않고 바로 그 다른 인격 안에 둔다. 신앙 있는 사람의 특권 의식은 인격의 의식이며, 신앙이 있는 사람은 자기 자신의 감정을 그 다른 인격성 안에 가지고 있다.[2]

마치 하인이 그의 주인의 품위에서 자기 자신을 느끼는 것과 같이, 물론 자기는 자기 주인보다도 낮은 신분의 자유롭게 독립한 남자 이상으로 생각되는 것과 같이, 신앙이 있는 사람도 역시 그와 같다.[3] 신앙이 있는 사람은 오로지 자기 주인에게 공적의 명예를 돌리기 위하여 자기에게는 모든 공적을 거부한다. 그러나 그것은 이 공적이 그 자신에게 유익하기 때문이다. 주의 명예 속에서 자기 자신의 명예 감을 만족시키기 때문이다. 신앙은 거만하다. 그러나 신앙은 자기의

---

1 켈수스(Celsus)는 기독교도들에 대해서 신에 의한 서열에서 일등임을 자랑한다는 것을 비난한다. "신이 존재하고, 그래서 후에 우리가 있는 것이다"(Est Deus et post illum nos). Origenes, 『케루수스를 반박함』(*Adv. Celsus*), ed. Hoeschelius. (Aug. Vind. 1605), S.182.
2 "나는 나의 행복과 죄의 사면 때문에 뻐기고 거만하다. 그러나 나의 행복과 죄의 사면은 무엇을 통해서 얻어지는가? 그것은 타인의 명예에 의해서, 즉 주 그리스도의 명예에 의해서 이다." Luther, T. II. S.344; "자랑하는 자는 주 안에서 자랑하라"(고린도전서 1:30).
3 러시아의 장군, 뮈니히(Münich)의 이전 부관은 "나는 그의 부관이었던 때 내가 사령관이 된 지금보다도 내 자신이 더 위대하다고 느꼈던 것이다"라고 말하였다.

우월한 감정과 자기의 자만을 어떤 다른 인격 안으로 전이하는 것을 통해 자연적인 거만과 구별된다. 그 다른 인격이란 신앙 있는 사람보다는 더 월등하지만, 신앙 있는 사람 자신의 숨겨진 자기이며, 그의 행복의 욕망이 인격화되어 만족을 얻는 것이다. 왜냐하면 그 인격성은 자기가 자선가이며, 구제자이며, 구세주라는 규정─따라서 신앙이 있는 사람으로 하여금 그 자신에게 자신의 영원의 구원에 관계시키는 규정─ 이외의 다른 규정이 아니기 때문이다. 간단히 말해서 우리는 여기에서 종교의 특징적인 원리, 즉 종교는 자연적 능동형을 수동형으로 전화시킨다는 원리를 알 수 있다.

이교도는 자신을 고양시키고 기독교도는 자신이 고양된다고 느낀다. 기독교도는 이교도에게 자기 활동으로 나타나는 사실을 감정이나 지각의 사실로 전화한다. 신앙 있는 사람의 겸손은 전도된 거만, 거만의 외관이나 외적 특징을 갖지 않은 거만이다. 신앙 있는 사람은 자기가 탁월하다고 느낀다. 그러나 이 탁월함은 그의 활동의 결과가 아니라 은총의 사건이다. 그는 탁월해진 것이다. 그는 이 일을 위해 스스로는 아무것도 할 수 없다. 그는 보통 자신을 자기 자신의 활동의 목적으로 만드는 것이 아니라 신의 목적이나 대상으로 만든다….

교회는 완전한 권리를 가지고 이단자들 혹은 대체로 신앙을 갖지 않은 사람들을 처벌하였다.[4] 왜냐하면 이 처벌은 신앙의 본질 안에 가로놓여 있기 때문이다. 신앙은 우선 신앙이 없는 자들로부터 신앙이 있는 사람들의 거리낌 없는 분리로 나타난다. 그러나 이 분리는 매우 우려스러운 분리이다. 신앙이 있는 사람은 신을 자기편으로, 신앙이 없는 사람은 신을 반대편으로 갖게 한다. 신앙이 없는 사람은 단지 신앙을 가질 가능성이 있는 사람만이 신을 자기에게 반대하게 하지 않을 뿐이며, 실제로는 신앙이 없는 사람으로서는 신을 자기에게 반대하게 하는 것이다. 신앙 없는 사람의 신분을 버리라고 하는 요구의 근거는 바로 이런 것 속에 가로놓여 있다. 그러나 신을 자신에게 반대하게 하는 사람은 무가치하며, 버려져 있으며, 벌 받고 있는 것이다.

왜냐하면 신을 자기에게 반대케 하는 것은 그 자신이 신에게 등을 돌리고 있기 때문이다. 믿는다는 것은 선량하다는 것과 같은 뜻이며, 믿지 않는다는 것은 사악하다는 것과 같은 뜻이다. 신앙은 제한되어 있고, 사로잡혀 있어서 모든 것을 호오(好惡)에 따라 해석한다. 신앙에서 신앙이 없는 사람은 완고와 악의에서 믿지 않는 것이며, 그리스도의 적이다.5 그러므로 신앙은 다만 신앙이 있는 사람들을 동화할 뿐이고, 신앙이 없는 사람들을 밀어낸다. 신앙은 신앙이 있는 사람들에 대해서는 잘 대하지만, 신앙이 없는 사람에 대해서는 나쁘게 대한

---

4 신앙이 아직 체내에 불(火), 즉 성격을 가지고 있는 곳에서는 신앙에서 볼 때 이단자나 불신앙자나 무신론자와 같은 신앙이다.

5 신약성서 속에는 이미 무신앙에는 불복종의 개념이 결부되어 있다. "제일의 악은 믿지 않는 마음이다." Luther, T. XIII. S. 647.

다. 신앙 속에는 악한 원리가 가로놓여 있다···.

사람들은 이에 대하여 성서에 "너희가 비판을 받지 아니하려거든 비판하지 말라"라고 쓰여 있다고 해서 반대해서는 안 된다. 따라서 신앙이 심판 및 처벌의 선고를 신에게 맡긴다고 해서 반대해서는 안 된다. 이 성경 구절과 다른 유사한 성경의 구절들 역시 단지 기독교의 사법(私法)에서 타당할 뿐 기독교의 국법에서는 타당하지 않으며, 단지 도덕에 소속할 뿐 교의학에 소속하는 것은 아니다. 그와 같은 도덕적 언표를 교의학의 영역으로 끌어들이는 것은 이미 신앙의 냉담을 나타낸다. 믿지 않는 사람과 인간 사이의 구별은 근대적 휴머니즘의 결과이다.

신앙에서 인간은 신앙 안에서 해소된다. 신앙에서 인간과 동물 사이의 본질적인 구별은 오직 종교적 신앙에 기초하고 있다. 단지 신앙만이 인간을 신의 마음에 들게 하는 덕을 자체로 내포하고 있다. 그러나 신은 척도이며, 신의 희열은 최고의 규범(Norm)이다. 따라서 신앙이 있는 사람만이 합법적이고 정당한 인간, 바로 그렇게 존재해야 하는 인간, 신이 승인하는 인간이다. 인간과 신앙이 있는 사람 사이의 구별이 이루어지는 곳에서는 이미 인간은 신앙으로부터 멀어졌다. 그곳에서 인간은 이미 신앙으로부터 독립하여 자기 자신의 힘만으로 인정된다.

그러므로 신앙은 단지 신앙의 구별이 극히 예리하게 작용하는 곳에서만 참되고, 거짓이 없다. 신앙의 구별이 흐려지면 당연히 신앙

자체도 역시 냉담하게 되고, 성격이 없어지게 된다. 신앙은 그 자체가 아무래도 좋은 사물에 있어서만 관대하다. 사도 바울의 관용주의는 신앙의 근본 조항의 승낙을 전제로 가지고 있다. 모든 것이 신앙의 근본 조항에 관계하는 곳에서 본질적인 것과 비본질적인 것 사이의 구별이 발생한다. 비본질적인 것의 영역에 있어서는 아무 율법도 존재하지 않으며, 그곳에서 우리는 자유롭다. 그러나 분명히 신앙이 우리에게 권리와 자유를 허용하는 것은 단지 우리가 신앙에 손상되지 않은 권리를 인정한다는 조건 아래서만 그러하다….

그와 같이 신앙은 본질적으로 당파적이다. 그리스도를 찬성하지 않는 사람은 그리스도를 반대하는 사람이다. 나를 찬성하든가 혹은 반대하든가 둘 중 하나이다. 신앙은 단지 적 혹은 친구를 알고 있을 뿐 비당파성을 알지 못한다. 신앙은 오로지 그 자체에만 마음을 빼앗기고 있다. 신앙은 본질적으로 관용을 모른다. 왜냐하면 신앙은 언제나 신앙의 일은 신의 일이고, 신앙의 명예는 신의 명예라고 하는 망상과 결부되어 있기 때문이다. 신앙의 신은 본질적으로 신앙의 대상적 본질, 신앙 그 자체로 대상인 신앙 이외의 다른 것이 아니다. 그러므로 또한 종교적인 심성과 의식에서 신앙의 사실은 신의 사상과 동일화된다. 신앙에는 신 자신이 관여한다. 즉, 신앙이 있는 사람의 관심은 신 자신의 가장 내적인 관심이다. "너희에게 손댄 자는 그(主)의 눈동자를 스치는 자이다"라고 예언자 스가랴(Sacharja)는 말하고 있다.6 신앙을 훼손하는 것은 신을 훼손하는 것이며, 신앙을 부정하는 것은 신 자신을 부정하는 것이다….

신앙은 사랑의 반대물(反對物)이다. 사랑은 죄 안에서도 덕을 인식하고, 오류 속에서조차 진리를 인식한다. 사람들이 다신교(일반적으로 우상 숭배) 속에서 진리를 보았던 것은 신앙의 힘 대신에 인간성의 본연에 충실한 통일의 힘, 이성의 힘, 인도(人道)의 힘이 들어앉았던 때 이래의 일이다. 혹은 사람들은 적어도 그때 편협한 신앙이 오직 악마 속에서 도출한 것을 인간적이며 자연적인 근거에 의해 설명하려고 시도했던 것이다. 그러므로 사랑은 오직 이성과 동일할 뿐이며, 신앙과 동일한 것은 아니다. 왜냐하면 사랑은 이성과 똑같이 자유로우며 보편적인 성질의 것이기 때문이며, 신앙은 소심하고 한정되어 있기 때문이다. 다만 이성이 지배하는 곳에서만 일반적으로 사랑이 지배한다. 이성 그 자체는 보편적인 사랑 이외의 다른 것이 아니다.

신앙이 지옥을 발명하였던 것이지 사랑이나 이성이 지옥을 발명한 것은 아니다. 지옥은 사랑에서는 공포이며, 이성에서는 불합리이다. 지옥 안에서 단지 신앙의 오류나 그릇된 신앙만을 보려 한다면

---

6 "그는 인간의 신체 중에서 가장 연한 부분을 말하였다. 그는 그것에 의하여 우리로 하여금 마치 인간의 눈동자를 조금만 건드려도 상하는 것과 똑같이 성도들이 조금만 모욕을 당해도 신이 훼손된다는 것을 매우 명백하게 통찰하게 하려는 것이다." Salvianus, L. VIII. 『신의 인도에 대하여』. "주는 성도들이 한 번도 돌에 부딪히지 않도록 그들의 가는 길을 그와 같이 주의 깊게 지키고 있다." Calvin, 『기독교의 근본 교의』 제1권 제17장 제6절.

측은한 일일 것이다. 지옥에 관한 것은 이미 성경에도 쓰여 있다. 신앙은 일반적으로 어디에서나 동일하다. 적어도 적극적–종교적인 신앙에 있어서는 그러하다. 적극적–종교적인 신앙이란 사람들이 여기서 취급되고 또 만일 우리가 이성이나 교양의 요소를 신앙과 혼동하지 않으려 한다면 취급되어야 하는 의미에서의 신앙이다. 이성이나 교양의 요소가 신앙과 혼동된다면 물론 신앙의 성격은 알 수 없게 된다.

그러므로 신앙이 기독교에 모순되지 않는다면 신앙으로부터 나오는 성향(Gesinnung) 및 이 성향으로부터 나오는 행위도 역시 신앙에 모순되지 않는다. 신앙은 처벌한다. 즉, 사랑, 인간, 이성에 모순되는 모든 행위와 모든 성향은 신앙과 일치한다. 기독교의 종교 역사의 모든 공포(이것에 대해 우리의 신앙 깊은 사람들은 그것은 기독교에서 온 것이 아니라고 말한다)는 신앙이나 기독교로부터 발생한 것이기 때문에 존재하는 것이다….

그러나 기독교의 종교 역사상 사랑에 모순되는 행위가 기독교와 부합하고, 그것 때문에 기독교의 반대자들이 기독교도들이 행한 전율할 행위의 책임을 기독교에 돌리는 것은 옳을지도 모른다. 그러나 만일 그렇다고 하더라도 그런 행위는 동시에 기독교에 모순되는 것이다. 왜냐하면 기독교는 단지 신앙의 종교일 뿐만 아니라 동시에 사랑의 종교이기도 하며 또한 우리에게 신앙을 의무 지울 뿐만 아니라 사랑을 의무 지우기도 하기 때문이다. 사랑이 없는 행위, 이단자들을 증오하는 행위가 기독교와 일치하고 동시에 모순되는가? 그것이 어떻게 가능한가? 그것은 확실히 가능하다. 기독교는 사랑으로부터 나오는 행위를 재가하는 동시에 사랑 없는 신앙으로부터 나오는 행위도 재가한다. 만일 기독교가 단지 사랑을 율법으로 만들었다면 기독교의 귀의자들이 옳을 것이고, 사람들이 기독교의 종교 역사상의 전율할 만한 행위를 기독교의 책임으로 돌릴 수 없었을 것이다. 만일 기독교가 단지 신앙을 율법으로 만들었을 뿐이라면 그때의 신앙이 없는 사람들의 비난은 무조건적으로 구속 없이 진실이었을 것이다. 기독교는 사랑을 자유롭게 풀어 두지 않았다. 기독교는 사랑을 절대적인 것으로 받아들일 만큼 높은 곳에 올려놓지 못하였다. 그리고 기독교는 그런 자유가 없었으며 또 가질 수도 없었다. 왜냐하면 기독교는 종교이기 때문이다. 그러므로 기독교는 사랑을 신앙의 지배 아래에 예속시킨다. 사랑은 단지 기독교의 공개적인 교의에 지나지 않으며, 신앙이야말로 기독교의 은밀한 교의이다. 사랑은 단지 기독교의 도덕일 뿐이지만, 신앙은 기독교의 종교이다….

기독교적인 사랑은 그것이 기독교적이며, 기독교적이라고 불리는 것에 의해 이미 하나의 특수한 사랑이다. 그러나 보편성이 사랑의 본질 안에 가로놓여 있다. 기독교적 사랑이 기독교적 성질을 포기하지 않는 한, 즉 사랑을 솔직히 최상의 율법으로 만들지 않는 한 기독교적 사랑은 진리에 대한 감각을 상처 입히는 사랑이다. 왜냐하면 사랑은 바로 기독교와 소위 이교 사이의 구별을 폐기하기 때문이다. 기독교적 사랑이 기독교적 성질을 방기하고 솔직히 최상의 율법으로 만들지 않는 한 기독교적 사랑은 특수성을 위해 사랑의 본질과는 모순에 빠지는 사랑이며, 따라서 예부터 바르게 풍자의 대상이 된 이상한 사랑이며, 사랑이 없는 사랑이다. 진실한 사랑은 사랑 자체로 충분하다. 진실한 사랑은 어떤 특수한 칭호도, 특수한 권위도 필요로 하지 않는다. 사랑은 예지와 자연의 보편적인 법칙이다. 즉, 사랑은 유의 통일성이 심성을 매개로 하여 실현된 것 이외의 다른 것이 아니다.

만일 이 사랑이 어떤 인격의 이름에 근거 지어져야 한다면 이것은 단지 미신적 표상(그것이 종교적 종류의 것이든 사변적 종류의 것이든 상관없다)이 이 인격과 결합됨으로써 가능할 뿐이다. 그러나 미신이란 언제나 종파 근성과 분파주의가 결합되어 있으며, 분파주의는 광신주의와 결합되어 있다. 사랑은 단지 유의 통일성이나 예지의 통일성 혹은 인류의 본성에 기초할 수 있을 뿐이다. 사랑이 근본적인 사랑, 원리를 상실하지 않은 사랑, 보증된 사랑, 자유로운 사랑인 것은 오직 이 때문이다. 왜냐하면 그때 사랑은 근원, 그리스도의 사랑조차 유래한 근원을 근거로 하기 때문이다. 그리스도의 사랑은 그 자체가 하나의 파생된 사랑이었다. 그리스도는 자신으로부터, 그 자신의 전권으로 우리를 사랑한 것이 아니라 인류의 본질에 의하여 사랑한 것이다. 만일 사랑이 그리스도의 인격에 기초되어 있다면 그 사랑은 오직 이 인격의 승인이 달하는 그만큼의 하나의 특수한 사랑에 지나지 않으며, 사랑 자체의 토대를 근거로 하지 않은 사랑이다.

우리가 서로 사랑해야 하는 것은 그리스도가 우리를 사랑하였기 때문인가? 그와 같은 사랑은 꾸며진 사랑이며 모방된 사랑일 것이다. 우리가 그리스도를 사랑할 때만 우리는 진실로 서로 사랑할 수 있는 것일까? 그리스도가 사랑의 원인일까? 혹은 오히려 그리스도는 사랑의 사도가 아닌가? 인간성의 통일성이 그리스도의 사랑의 근거가 아닌가? 나는 인류보다도 더 그리스도를 사랑해야 하는 것일까? 그러나 그런 사랑은 환상적인 사랑이 아닐까? 나는 유의 본질을 초월해 나아갈 수 있는가? 나는 인류보다 더 높은 것을 사랑할 수 있을까? 그리스도를 존귀하게 한 것은 사랑이었다. 그리스도는 자신의 본성을 다만 사랑으로부터 봉토(Lehen)로 얻었을 뿐이다. 그리스도는 모든 미신적인 표상 속에서 인정된 것과 같은 사랑의 소유주는 아니었다. 사랑의 개념은 독립한 개념이며, 나는 그것을 처음으로 그리스도의 생애로부터 추상한 것이 아니다. 반대로 그리스도의 생애를 승인하는 것은 그 생애가 사랑의 법칙이나 개념과 일치한다는 것을 발견하기 때문이며 또 발견할 때만 승인하는 것이다.

이것은 역사적으로 이미 사랑의 관념이 결코 단지 기독교와 함께 그리고 기독교를 통해서 처음으로 인류의 의식 안으로 들어온 것이 아니라는 것, 사랑의 관념이 결코 기독교적인 관념만이 아니라는 것에 의해 증명되어 있다. 로마 제국의 전율이 이 관념의 출현과

평행한다는 것은 의미 깊은 일이다. 인류를 인류의 개념과 모순되는 방법으로 결합한 정치의 왕국은 스스로 와해되지 않으면 안 되었다. 정치적 통일은 잔인한 통일이다. 로마의 전제주의는 내부로 향해 제국 자체를 파멸시키지 않으면 안 되었다. 그러나 인간은 바로 정치의 이런 비참에 의해 마음을 짓누르는 정치의 올가미로부터 완전히 벗어났다. 로마 대신에 인류의 개념이 나타나서 그것과 함께 지배의 개념 대신에 사랑의 개념이 나타났다. 유대인조차 그리스적 교양의 인도적 원리 속에서 그들이 증오해야 할 종교적 종파 근성을 완화시켰다.

필론은 사랑을 최고의 덕으로 찬미한다. 국가적 차이가 해소되었다는 것이 인류 자체의 개념 안에 가로놓여 있었다. 사유하는 정신은 벌써 일찍이 인간의 시민적-정치적 분리를 초극하였다. 아리스토텔레스는 확실히 인간을 노예로부터 구별하여 노예를 인간으로서 주인과 동격으로 놓고 있다. 아리스토텔레스 자신이 주인과 노예 사이에 교우 관계를 맺고 있기 때문이다. 노예는 철학자이기도 하였다. 노예인 에픽테토스는 스토아 철학자였다. 황제 안토니우스 역시 스토아 학도였다. 그와 같이 철학이 인간들을 통일하였던 것이다. 스토아 학도들은 인간이 자기 자신을 위해 태어난 것이 아니라 타인을 위해, 즉 사랑을 위해 태어난 것이라고 가르쳤다.[7] 이 언표는

---

[7] 소요학파 사람들도 그렇게 가르쳤다. 그러나 그들은 사랑을, 만인에 대한 사랑도 역시,

황제 안토니우스의 말인데, 적을 사랑하라고 명령하고 있는 가장 명성 높게 알려진 말보다도 더 무한하게 많은 의미를 지닌다. 스토아 학도들의 실천적 원리는 그런 하나의 사랑의 원리이다. 세계는 그들에게 하나의 공통의 도시이며, 인간들은 동포, 시민이다. 특히 세네카(Seneca)는 가장 숭고한 말 가운데에서 사랑, 인자, 인도(특히 노예에게 대한)를 찬미하고 있다. 그와 같이 정치적 엄숙주의와 애국적 편협성과 국한성이 소멸되었던 것이다.

기독교는 이들 인도적 노력의 하나의 특수한 현상이었다. 즉, 기독교는 이 새로운 원리를 대중적이고 통속적인, 따라서 종교적인, 확실히 무엇보다 강한 현상이었다. 다른 곳에서는 교양이라는 방법으로 가치를 주장한 것이 여기에서는 종교적 심성이나 신앙의 일로서 언표된다. 기독교 자체는 그 때문에 또다시 일반적인 통일을 특수한 통일로 만들었고, 사랑을 신앙의 부대적 사실로 만들었다. 그러나 기독교는 바로 이런 일에 의해서 사랑을 일반적인 사랑과의 모순에 떨어지게 하였다. 통일은 그 근원에까지 환원되지 않는다. 민족적 차이들은 소멸되었다. 그러나 그 자리에 이제 신앙의 상위, 기독교적인 것과 비기독교적인 것의 대립이 민족적 대립보다도 더 심하게 그리고 한층 더 무겁게 역사에 등장하였다.

특수한 종교적인 원리에 기초를 두지 않고 자연적인, 즉 일반적·이성적 원리에 기초를 두고 있다.

특수한 현상에 기초한 사랑은 이미 언급된 것과 같이 사랑의 본질에 모순된다. 사랑은 어떤 제한도 견뎌내고 모든 특수성을 초극한다. 우리는 인간을 위해 인간을 사랑해야 한다. 인간은 자기 목적이라는 것에 의해 그리고 이성과 사랑의 능력을 지닌 본질에 의해 사랑의 대상이다. 이것은 유의 법칙이며 예지의 법칙이다. 사랑은 직접적인 사랑이어야 한다. 아니, 사랑은 다만 직접적인 것으로서만 사랑이다. 그러나 만일 내가 바로 사랑 안에서 유를 현실화하는 나와 타인 사이에서 이미 그 안에 유를 현실화하게 되어 있는 어떤 개체의 표상을 삽입한다면, 나는 사랑의 본질을 폐기하고 우리 이외의 어떤 제삼자의 표상을 통해 통일을 교란하는 것이다. 왜냐하면 타인이 나에게 사랑의 대상인 경우 그가 이 원형(Urbild)에 대해 지니는 유사성 혹은 관계 때문이며, 그 자신을 위한, 즉 그의 본질을 위한 것이 아니기 때문이다.

우리가 신의 인격성 안에 가지고 있는 모든 모순은 여기에서 또다시 나타난다. 신의 인격성의 경우에는 인격성의 개념이 필연적으로 독립하여 그 인격성으로 하여금 사랑할 만한 그리고 존경할 만한 가치가 있는 특질에 상관없이 의식과 심성 안에 확립된다. 마치 이성이 유의 객관적 실존인 것과 같이 사랑은 유의 주관적 실존이다. 사랑과 이성에 있어서 중간 인격의 필요는 소멸한다. 그리스도 자신은 유의 통일성이 민중 의식에 파고들어 모습을 나타낸 하나의 형상 (Bild) 이외의 다른 것이 아니다. 그리스도는 인간들을 사랑하였다.

그리스도는 성(性)이나 연령, 신분이나 민족성의 구별 없이 모든 인간을 행복하게 하고 통일하고자 하였다. 그리스도는 인류의 자기 자신에 대한 사랑이 우리가 논한 종교의 본성에 따라서 하나의 형상으로서 나타난 것 혹은 하나의 인격으로서 구현된 것이다. 이 인격은 그러나 종교적 대상으로 이해되면 단지 하나의 현상의 의미를 지닐 뿐이며, 단지 하나의 이상적인 인격에 지나지 않는다. 이런 이유로 귀의자들의 징표로서 사랑이 언표된다.

그러나 사랑은 이미 말한 바와 같이 유의 통일성이 성향에 의하여 확증되고 현실화된 것 이외의 다른 것이 아니다. 유는 어떤 단순한 사상이 아니다. 유는 사랑의 감정이나 심성이나 정열 안에 실존한다. 나에게 사랑을 불어넣는 것이 유이다. 사랑으로 충만한 마음은 유의 마음(Herz)이다. 그러므로 그리스도는 사랑의 의식으로서 유의 의식이다. 우리 모두는 그리스도에게 있어서 동일하여야 한다. 그리스도는 우리의 통일성의 의식이다. 따라서 인간을, 인간을 위해 사랑하는 자, 자신을 유의 사랑과 유의 본질에 상응하는 보편적인 사랑으로 고양시키는 자는 기독교도이며, 그리스도 자신이다.[8] 그는 그리스도가 행한 일을 하며, 그리스도로 하여금 그리스도이게 하는 일을

---

8 행위하는 사랑은 당연히 언제나 특수한 제한된 사랑, 즉 가장 가까운 것에 향해지는 사랑이며 또 그런 사랑이어야 한다. 그러나 그럼에도 불구하고 그 사랑은 본성적으로 보편적인 사랑이다. 왜냐하면 그 사랑은 인간을, 인간을 위해 사랑하며, 종속의 이름으로 사랑하기 때문이다. 이에 반해서 기독교적 사랑은 기독교적인 것으로서 본성적으로 배타적인 것이다.

한다. 따라서 유로서의 유의 의식이 발생하는 곳에서는 그리스도는 소멸한다. 그러나 그때에도 그리스도의 참된 본질은 사라지지 않는다. 왜냐하면 그리스도는 유의 의식의 대표자이며, 그것을 상징하기 때문이다.

결론

우리는 신앙과 사랑 사이의 모순(der Widerspruch)을 전개하였다. 그리고 우리는 그 모순 속에서 기독교—종교 일반에 특유한 본질— 의 위로 우리 자신을 올려야 할 필요가 있다는 실제적이며 명백한 근거를 가지고 있다. 우리는 종교의 내용과 대상이 철두철미하게 인간적이라는 것을 증명하였고, 신학의 비밀은 인간학이며, 신의 본질의 비밀은 인간 본질의 비밀이라는 것을 증명하였다. 그러나 종교는 그것의 내용인 인간성에 관한 의식을 갖고 있지 않다. 종교는 오히려 자신을 인간적인 것에 대립시킨다. 혹은 적어도 종교는 종교 의 내용이 인간적이라는 것임을 인정하지 않는다.

그러므로 다음과 같은 공공연한 고백과 수긍은 역사의 필연적인 전환점이 된다. 즉, 신 의식은 유 의식 이외의 다른 것이 아니라는 고백, 인간은 단지 자신을 자신의 개성 혹은 인격성의 제한 위로 높일 수 있으며 또 높여야 한다는 것뿐이고, 자기 유의 법칙이나 본질 규정 위로 높일 수 없으며 또 높여서도 안 된다는 고백, 인간은 인간의 본질 이외의 어떤 본질도 절대적인 신적 본질로서 사유(思惟)하고, 감지하고, 표상하고, 느끼고, 믿고, 의욕하고, 사랑하고, 존경할 수 없다는 고백이 그것이다.[1]

따라서 종교에 대한 우리의 관계는 단지 부정적인 관계가 아니라 비판적인 관계이다. 우리는 오직 참된 것을 거짓된 것으로부터 분리할 뿐이다. 단 허위로부터 분리된 진리는 언제나 낡은 진리에서 구별된 하나의 새로운 진리이다. 종교는 인간 최초의 자의식이다. 종교가 신성한 것은 그것이 최초의 의식의 전통이기 때문이다. 그러나 종교에서의 최초의 것(das Erste), 즉 신은 이미 증명된 것과 같이 그 자체가 (진리에 의하면) 제이의 것(das Zweite)이다. 왜냐하면 신은 단지 인간의 본질 자체가 대상화된 것에 불과하기 때문이다. 그리고 그렇기 때문에 종교에서 제이의 것, 즉 인간은 제일의 것으로 조정되고 언표되지 않으면 안 된다. 인간에 대한 사랑은 어떤 파생된 것이어서는 안 된다. 인간에 대한 사랑은 근원적인 사랑이 되지 않으면 안 된다. 오직 그때만 사랑은 진실하고 신성하며 신뢰할 만한 힘이 된다.

---

1 내가 말하는 인간의 본질이란 자연을 포함한 것이다. 왜냐하면 인간이 자연의 본질에 속하는 것(이것은 비속한 유물론의 주장과 반대이다)과 같이 자연 또한 인간의 본질에 속하기 때문이다. (이것은 적어도 자연에 대한 관계에 있어서 우리의 "절대적" 철학의 비밀이기도 한 주관적 관념론의 주장과 반대이다.) 우리는 다만 인간과 자연의 결합에 의해서만 기독교의 초자연주의적 이기주의를 초극(超克)할 수 있다.

만일 인간의 본질이 인간 최고의 본질이라면 그때는 실천적으로도 최고이며, 제일의 율법(das Gesetz)은 인간에 대한 인간의 사랑이 되어야 한다. 인간은 인간에게 신이다(Homo homini Deus est). 이것은 최상의 실천적 근본 명제이며, 세계 역사의 전환점이다. 친자(親子)관계, 부부의 관계, 형제의 관계, 친구 관계, 일반적으로 인간에 대한 인간관계, 간단히 말해서 도덕적인 관계는 그 자체에 있어서 진실로 종교적인 관계이다. 삶은 일반적으로 그 본질적인 관계에 있어서 철두철미 신적 성질을 갖는다. 삶은 그것의 종교적 봉헌을 처음으로 목사의 축복(das Segen)을 통하여 받는 것이 아니다. 종교는 그 자체 외적인 부가물에 의하여 대상을 신성화하려 한다. 종교는 이에 의하여 스스로 자체만을 신성한 권력으로 언표한다. 종교는 그 자체 이외에는 단지 지상적인 비신적 삶의 관계들이라고 생각한다. 그런 까닭으로 종교는 이 관계들을 성화하고 봉헌하기 위하여 접근한다.

그러나 결혼—사랑의 자유로운 결합으로서의 결혼2—은 자체에 의하여 맺어지고, 결합의 본성에 의하여 신성하다. 다만 진실한 결혼, 결혼이나 사랑의 본질에 상응하는 사랑만이 종교적인 결혼이다.

---

2 물론 오직 사랑에서 생긴 자유로운 결합으로서의 결혼만이 신성하다. 왜냐하면 단지 외적 제한을 유대로 하고 있을 뿐 자체 안에 있어서 만족하고 있는 자유 의지에 의한 사랑의 자기 제한을 유대로 하고 있지 않는 결혼, 간단히 말하면 스스로 맺고 스스로 만족하고 있지 않는 결혼은 결코 진실한 결혼이 아니며 그러므로 참된 도덕적인 결혼이 아니기 때문이다.

그리고 모든 도덕적인 관계도 이와 같다. 모든 도덕적인 관계가 도덕적이며, 모든 도덕적 의미를 지니고 배양되는 것은 다만 관계들이 이미 그 자체로 종교적 관계로 인정되는 곳에서뿐이다. 진실한 우정은 우정의 한계가 종교적 성실성에 의하여 지켜지며, 믿는 사람이 신의 가치를 지키는 것과 같은 성실성에 의하여 지켜지는 곳에서만 존재한다. 각각의 모든 사람의 우정, 재산, 결혼, 복지는 신성하며 또 이를 신성하게 하라! 그러나 그것들을 그 자체로 신성하게 하라!

기독교에 있어 도덕률은 신의 계명(das Gebot)으로 파악된다. 도덕 그것이 종교성(Religiosität)의 규준이 된다. 그러나 그럼에도 불구하고 도덕이 종속적인 의미를 지닌다고 해서 그 자체가 종교의 의미를 갖지는 못한다. 종교의 의미는 신앙에 속할 뿐이다. 인간으로부터 구별된 본질로서의 신은 도덕 위를 떠돈다. 그리고 인간에게는 오직 타락만이 속하는 데 반해, 인간으로부터 구별된 본질로서의 신에겐 최선의 것이 속한다. 인간은 생활과 인간에게 바쳐야 하는 모든 성향과 그의 최선의 모든 힘을 욕구를 갖지 않는 그 본질을 향해 낭비한다. 실제의 일은 자기 성질이 없는 수단이 되고, 단지 표상되고 상상된 것의 원인만이 실제의 원인이 된다. 인간은 다른 사람이 그 자신을 희생으로 제시해 준 은혜를 신에게 감사한다. 인간이 자기의 은인을 향해 말로 표현하는 감사는 다만 표면적인 감사에 지나지 않는다. 그의 감사는 그의 은인에게 향하는 것이 아니라 신에게 향한다. 인간은 신을 향해서는 감사하지만, 인간에 대해서는 배은망덕하다.[3]

이와 같이 종교에서의 도덕적 성향은 몰락한다. 이렇게 인간은 신을 향해 인간을 바친다. 피비린내 나는 인간 희생양은 사실 종교의 가장 내적인 비밀의 조야한 감성적 표현에 불과하다. 피비린내 나는 인간 희생양이 신에게 바쳐지는 곳에서 이런 희생은 최고의 희생에 해당하며, 감성적 생활은 최고의 선으로 인정된다. 사람들은 바로 이 때문에 생명을 신에게 바치고, 특별한 경우에 그것에 의해 신에게 최대의 영예(dei Ehre)를 나타낸다고 믿는다. 만일 기독교가―적어도 우리의 시대에 있어서는― 더 이상 피비린내 나는 희생양을 신에게 바치지 않는다면, 이는 다른 이유를 제외하면 다만 감성적 생활이 더 이상 최고의 선으로 간주되지 않는다는 사실에서 발생한다. 사람들은 그 대신에 영혼과 마음을 바친다. 왜냐하면 이것들은 감성적 생활보다 더 높은 것이라고 생각하기 때문이다.

그러나 인간이 종교에서 인간에 대한 책임―예를 들면 다른 사람의 생명을 존중하고 은혜에 감사하는 것과 같은 책임―을 종교적 책임을 위한 희생으로 제공하고, 인간에 대한 관계를 신에 대한 관계를 위한 희생으로 제공한다는 것은 종교의 공통점이다. 기독교도들

3 "신이 통치, 주인, 피조물을 통하여 은혜를 베풀기 때문에 사람들은 피조물에게로 몰리며, 피조물에 기대어 창조주에 의지하지 않는다 ― 그들은 피조물을 통하여 창조주에게로 가지 않는다. 그러므로 이교도들이 왕들로부터 신들을 만들었던 것은 여기에서 연유된 것이다. … 왜냐하면 사람들은 일 혹은 은혜가 왜 신으로부터 오며, 절대로 피조물로부터 오지 않는 것인가를 알 수 없으며 또 알려고도 하지 않기 때문이다. 단 피조물에 의해서 신은 우리에게 역사하시며, 우리를 돕고 우리에게 베푸시는 수단이다." Luther, T. IV. S. 237.

은 신의 무요구성(Bedürfnislosigkeit)—이것은 오직 순수한 숭배의 대상인데—의 개념에 따라 확실히 많은 퇴폐한 표상들을 제거하여 버렸다. 그러나 이러한 무요구성은 단지 종교 특유의 본질을 확실하게 할 수 없는 추상적-형이상학적 개념에 불과하다. 숭배의 필요는 오직 한 측면, 즉 주관적 측면으로 옮겨 놓으면 모든 일면성이 그런 것과 같이 종교적 감정을 냉랭하게 한다. 그러므로 상호성(Gegenseitigkeit)을 확립하기 위해서는 말로서가 아니라 행위에 있어서 주관적 요구에 상응하는 규정이 신 안에 설정되지 않으면 안 된다.

종교의 모든 현실적 규정은 상호성에 근거하고 있다.[4] 종교적 인간이 신에 대한 일을 생각하는 것은 신이 그의 일을 생각하기 때문이며, 그가 신을 사랑하는 것은 신이 먼저 그를 사랑하였기 때문이라는 것이다. 신은 인간에 대하여 질투가 심하다. 종교는 도덕에

---

4 "나를 존중히 여기는 자들은 내가 존중히 여기고 나를 멸시하는 자를 내가 경멸히 여기리라" (사무엘상 2:30); "오! 선하신 아버지시여! 영원한 증오에 가장 합당한 가장 저급한 벌레조차도 당신에게서 사랑을 받는다는 신뢰를 가지고 있습니다. 왜냐하면 이 벌레는 신이 사랑한다는 것을 느끼기 때문입니다. 혹은 오히려 자기가 사랑받는다는 것을 예감하기 때문에 자기가 사랑한다는 것을 두려워하지 않습니다. 그러므로 이미 사랑하는 자는 아무도 사랑받는다는 것을 의심하지 않습니다." Bernardus ad Thomam, *Epist.*, 107. 이것은 매우 아름답고 중대한 언표이다. 만일 내가 신에게 찬성하지 않는다면 신은 나에게 찬성하지 않는다. 만일 내가 사랑하지 않는다면 나는 사랑받지 못한다. 수동형(das Passivum)은 자기 자신을 확신하는 능동형이며, 객체(das Objekt)는 자기 자신을 확신하는 주체이다. 사랑한다는 것은 인간임을 뜻하는 것이며, 사랑받는다는 것은 신임을 뜻하는 것이다. 신은 내가 사랑받고 있다고 말하며, 인간은 내가 사랑한다고 말한다. 나중에야 비로소 처음의 일이 전도되고, 수동형은 능동형으로 전화되며, 능동형은 수동형으로 전화된다.

대하여 질투한다.5 종교는 도덕에서 최선의 힘을 흡수한다. 종교는 인간의 것을 인간에게 주지만, 신의 것은 신에게 준다. 그리고 진실한 온 마음의 성향, 즉 심성은 신의 것이다.

우리는 종교가 신성하였던 시대에는 결혼이나 재산, 국법이 존중된 것을 본다. 그것은 그 근거를 종교 안에 가지고 있는 것이 아니라 근원적-자연적-인륜적-법률적 의식 안에 지니는 것이다. 이 의식에 의하여 법률적이고 인륜적인 관계가 신성한 것으로 생각되는 것이다. 법률을 법률 그 자체에 의해 신성한 것으로 보지 않는 자에게 법률은 결코 종교에 의하여 신성한 것으로 되지 않는다. 재산은 신적 제도(ein göttliches Institut)로서 표상된 것에 의하여 신성하게 되는 것이 아니라 그 자체로서 신성한 것으로 인정되었기 때문에 신적 제도로서 고찰된 것이다. 사랑은 신의 술어(das Prädikat)이기 때문에 신성한 것이 아니라 그 자체로서 신적이기 때문에 신의 술어인 것이다. 이교도들이 빛이나 샘을 숭배하는 것은 빛과 샘이 신의 선물이기 때문이 아니라 그것들이 그 자체로 인간에게 어떤 은혜적인 것임을

5 여호와께서 기드온에게 이르시되 "너를 좇은 백성이 너무 많은즉 내가 그들의 손에 미디안 사람을 붙이지 아니하리니 이는 이스라엘이 나를 거스려 자긍하기를 내 손이 나를 구원하였다 할까 함이니라"(사사기 7:2); "여호와께서 이와 같이 말하신다. 무릇 사람을 믿는 사람은 저주를 받을 것이오, 그러나 무릇 여호와를 의지하며 여호와를 믿는 사람은 복을 받을 것이다"(예레미야 17:5); "신은 우리의 금이나 육체나 재화를 요구하지 않고 그것을 황제에게, 즉 세계나 국가의 대표자에게 주고, 황제를 통하여 우리에게 주었다. 그러나 신은 인간에게 있어서 최대이며, 최선의 것인 마음(das Herz)을 자신을 위해 보류하였다. 우리가 신을 믿는 것과 같이 사람은 마음을 신에게 주어야 한다." Luther, T. XVI. S. 505.

분명하게 하기 때문이며, 고뇌하는 자에게 생기를 불어넣기 때문이다. 이교도들은 빛이나 샘의 우수한 성질 때문에 그것들에 신적 영예를 표시하는 것이다.

도덕이 신학에 기초를 두고, 법률이 신의 제정에 의존하는 곳에서 우리는 가장 부도덕하고, 가장 불법적이고, 가장 유해(有害)한 사물을 정당화하며 확립할 수 있다. 내가 도덕을 신학에 근거 지을 수 있는 것은 오직 나 자신이 이미 도덕에 의하여 신적 본질을 규정하였을 때만 가능하다. 그렇지 않은 경우 나는 도덕적인 것과 부도덕한 것의 어떤 규준도 가지고 있지 않지만, 다만 그것에서 내가 모든 가능한 것들을 도출할 수 있는 부도덕하고 자의적인 토대를 갖는 것이다. 그러므로 내가 만일 도덕의 기초를 신을 통하여 세우려 한다면, 나는 도덕을 이미 신 안에 설정하지 않으면 안 된다. 즉, 나는 도덕이나 법률을—간단히 말하면 모든 본질적인 관계들을— 그것 자체를 통해서만 기초 지을 수 있는 것이다. 그리고 내가 그것들을 진리가 명하는 대로 진실하게 기초 지을 수 있는 것은 다만 그것들 자체에 의해서 기초 지어질 때뿐이다.

어떤 것을 신 안에 설정하거나 혹은 신으로부터 도출하는 것은 이성의 눈을 벗어나서 그것에 대해 설명하는 일 없이 그것을 의심할 수 없는, 상처 나게 할 수 없는 신성한 것으로 설정하는 것 이외의 다른 의미가 없다. 그러므로 사악하고 교활한 의도가 없는 곳에서조차 자기기만은 도덕이나 법률을 신학 위에 확립하려는 모든 노력의 근저에 놓여 있는 것이다. 법을 성실하게 취급하는 곳에서 우리는 어떤 선동이나 위로부터의 지지도 필요로 하지 않는다. 우리는 어떤 기독교적 국법(das Staatsrecht)도 필요로 하지 않는다. 우리는 다만 이성적인 국법, 적법적인 국법, 인간적인 국법을 필요로 할 뿐이다. 바른 것, 참된 것, 선한 것은 도처에 그 신성화의 근거를 자기 자신 안에, 즉 자체의 성질 안에 가지고 있다. 도덕을 성실하게 취급하는 곳에서 도덕은 바로 그 자체로 신적인 힘으로 인정된다. 만일 도덕이 자기 자신 안에 아무 근거도 갖고 있지 않다면 그때는 도덕을 위한 아무 내적 필연성도 존재하지 않는다. 도덕은 그때 종교의 근거 없는 자의에 맡겨져 있게 된다.

그러므로 종교와 자각적 이성과의 관계에서는 단지 어떤 환상의 파괴만이 문제가 된다. 그러나 그 환상은 어떻든 상관이 없는 것이 아니라 오히려 인류에게 근본적으로 파괴적인 영향을 미치고, 인간의 실제 생활의 힘을 없애며, 그와 같이 진리와 덕에 대한 감각을 말살하는 것이다. 왜냐하면 그 자체 가장 내적이고 진실한 심성인 사랑까지도 종교성을 통하며 표면적-환상적인 것이 되기 때문이다. 종교적인 사랑은 인간을 단지 신을 위하여 사랑하는 것에 불과하며, 따라서 다만 표면적으로 인간을 사랑할 뿐이고, 실제는 신만을 사랑하기 때문이다.

그리고 이미 말한 것과 같이 우리는 종교적 관계를 전도하기만 하면 된다. 즉, 우리는 종교가 수단으로 설정하는 것을 목적으로 파악하고, 종교에 있어서 종속적인 것, 부차적인 것, 조건인 것을 주요 사항, 원인으로 높이기만 하면 되는 것이다. 그렇게 하면 우리는 환상을 파괴하고 투명한 진리의 빛을 우리 눈앞에 갖게 된다. 세례와 만찬의 성례들((das Sakrament, 이것은 기독교의 본질적이고 특징적인 상징이다)은 우리의 이 진리를 확증하고 구체적으로 나타낼 것이다.

세례의 물은 종교에서는 단지 수단에 불과하다. 성령은 이 수단에 의하여 인간에게 전달된다. 그러나 종교는 이 규정을 통하여 이성과 사물의 본성의 진리와 모순에 빠진다. 일면으로는 물의 자연적 성질에 어떤 중요한 것이 들어있고, 다른 한편에서는 그 성질이 무이며 신의 은총(die Gnade)과 전능의 단순한 자의적 수단이다. 우리가 이것들과 다른 것들의 참기 어려운 모순으로부터 우리를 해방하고 세례에 진실한 의의를 부여하는 것은 우리가 물 그 자체의 의미에 대한 표시로 고찰함으로써만 가능하다. 세례(die Taufe)는 물이 인간에게 미치는 불가사의한, 그러나 자연스러운 작용을 우리에게 표현하는 것이어야 한다. 물은 실제로 인간에게 물리적인 작용을 부여할 뿐만 아니라 바로 그 때문에 도덕적이고 지적인 작용을 부여한다.

물은 단지 육체의 더러움에서 인간을 순화할 뿐 아니라 물속에서 인간을 미몽으로부터 깨어나게도 한다. 즉, 물속에서 인간은 더 분명하게 보고, 더 분명하게 생각한다. 물속에서 인간은 자신을 더 자유롭게 느낀다. 물은 욕망의 열화를 꺼버린다. 얼마나 많은 성자가 악마의 유혹을 초극하기 위하여 물의 자연적인 성질로 도피하였던가! 은총에 의해서는 거부된 것이 자연에 의해서는 허용되었다. 물은 단지 식이요법의 영역에 속할 뿐만 아니라 교육학의 영역에도 속한다. 자신을 청결하게 하고 목욕하는 것은 비록 최저의 덕이기는 하지만 최초의 덕이다.6

소나기를 만나면 아욕의 정념이 사라진다. 물은 자연과 친숙해지기 위한 가장 가깝고도 제일가는 수단이다. 목욕은 우리의 자아성(Ichheit)을 자연의 객관적 본질 속에 용해하는 화학적 과정(ein chemischer Prozeß)이다. 물속에서 수면 위로 떠오른 인간은 재생한 새로운 인간이다. 만일 우리가 상상된 초자연적인 은총의 수단을 자연적인 수단과 바꾸어 놓는다면, 은총의 수단 없이 도덕은 아무 일도 할 수 없다는 교의(die Lehre)는 하나의 좋은 구실을 가지고 있다. 도덕은 자연 없이 아무 일도 할 수 없다. 도덕은 가장 단순한 자연적 수단과 결부되어야 한다. 가장 깊은 비밀은 비속한 것이나 일상적인

---

6 분명히 기독교의 세례 역시 단지 고대 자연 종교의 잔재에 지나지 않는다. 고대 자연종교에 있어서는 페르시아의 종교의 경우와 같이 물은 종교적 정화의 수단이었던 것이다. S. Rhode, *Die heilige Sage etc*, 305, 426 u.f. 그러나 여기서 세례는 기독교에 있어서보다 훨씬 더 진실한 의미를 가졌으며, 따라서 훨씬 깊은 의미도 있었다. 왜냐하면 고대의 자연종교에 있어서 세례는 물의 자연적인 힘과 의의에 근거하여 있었기 때문이다. 그러나 물론 고대 종교의 이와 같은 단순한 자연관에 대하여 우리의 사변적·신학적인 초자연주의는 아무 감각도 이해력도 없다. 그러므로 만일 페르시아인이나 인도인, 이집트인, 히브리인이 육체의 청결을 종교적 의무라고 생각하였다면 그들은 이 점에 있어서 기독교의 성자들보다도 훨씬 더 이성적이었던 것이다. 기독교의 성자들은 그들 종교의 초자연주의적 원리(原理)를 육체의 불결 속에서 명확하게 확증하였다. 이론에 있어서의 초자연주의는 실천에 있어서의 반자연주의가 된다. 초자연주의는 단지 반자연주의에 대한 완곡어에 불과하다.

것 속에 가로놓여 있다. 초자연적인 종교나 사변은 실제의 비밀을 환상적인 비밀들을 위해 희생으로 바치며, 예를 들면 지금의 경우에는 물의 실제의 기적적인 힘을 상상된 기적적인 힘(eine eingebildete Wunderkraft)에 희생으로 바치는 것과 같이 비속한 것이나 일상적인 것을 무시한다. 물은 심신의 병을 치료하는 가장 단순한 은총 수단 혹은 의약이다. 그러나 물이 효과를 내는 것은 종종 그리고 규칙적으로 사용될 때만 가능하다. 일회적 작용으로서의 세례는 효력이 없으며 무의미한 제도이든가 혹은 만일 그것에 실제의 작용이 결합된다면 미신적인 제도이다. 이에 반해서 만일 세례 중에 물의, 일반적으로 자연의 도덕적이고 물리적인 치료력(die Heilkraft)이 구체화되어 찬미된다면 세례는 이성적이며 존경할 만한 가치가 있는 것이다.

그러나 물의 성례는 보충을 필요로 한다. 보편적 생활 요소로서의 물은 우리에게 우리의 근원이 자연임을 상기시킨다. 그런데 우리는 그 근원을 식물이나 동물과 공유하고 있다. 세례에서 우리는 순연한 자연력의 위력 아래 굴복한다. 물은 자연적인 평등과 자유의 소재이고, 황금시대의 거울이다. 그러나 우리 인간은 자신을 무기물과 함께 자연이라고 하는 공통의 이름 아래 포괄하는 동물계와 식물계로부터 구별한다. 즉, 우리는 자연과 구별한다. 그러므로 우리는 우리의 구별, 우리의 본질적인 차이를 찬미하여야 한다.

이 차이의 상징들이 포도주와 빵이다. 포도주와 빵이란 질료에 관해서 말하면 자연의 산물이고, 형상에 따르면 인간의 산물이다.

만일 우리가 물과 관련해 "인간은 자연 없이는 아무것도 할 수 없다"고 설명한다면, 포도주와 빵에 의해서 우리는 "자연은 인간 없이는 아무일도, 적어도 정신적인 것은 아무것도 이룰 수 없다"고 설명한다. 인간이 자연을 필요로 하는 것과 같이 자연은 인간을 필요로 한다. 인간적-정신적인 활동은 물에서는 몰락하고, 포도주와 빵에서는 자기만족을 얻는다. 포도주와 빵은 초자연적인 산물이다. 단 그것은 이성과 자연에 모순되지 않는 유일하게 타당하고 진실한 의미에 있어서이다. 만일 우리가 물에서 순수한 자연력을 숭배한다고 하면, 포도주와 빵에 있어서는 인간의 정신이나 의식의 초자연적인 힘을 숭배하는 것이다. 그러므로 이 축제는 다만 의식에까지 성숙한 인간을 위해서만 존재하는 것이다. 세례는 어린아이들에게도 역시 베풀어진다. 그러나 우리는 여기에서 동시에 자연에 대한 정신의 바른 관계를 찬미하는 것이다. 즉, 자연은 소재를 주고, 정신은 형상을 주는 것이다. 세례의 성례는 자연에 대한 감사를 우리에게 주입한다. 빵과 포도주의 축제는 인간에 대한 감사를 주입한다. 포도주와 빵은 가장 오래된 발견에 속한다. 포도주와 빵은 우리에게 인간이 인간의 신이며 구세주라는 진리를 현재화하며(vergegenwärtigen) 구체화한다.

음식(Essen und Trinken)은 성만찬의 비밀이다. 먹고 마시는 것은 사실은 원래 종교적 활동이다. 적어도 그렇게 되어야 한다.7 그러므로 우리를 굶주림의 고통으로부터 구하는 한 조각의 빵에 또 우리의 마음을 즐겁게 하는 한 모금의 포도주에 우리에게 이들 유익한 선물을 보내는 신—인간—을 생각하라! 그러나 인간에 대한 감사 때문에 자연에 대한 감사를 잊지 말라! 포도주는 식물의 피이며, 빵은 식물의 살이며 그리고 그것들이 우리의 생존의 복지를 위하여 희생으로 바쳐진다는 것을 잊지 말라! 식물은 우리에게 자기를 무로 함으로써 우리의 향유를 위해 몸을 바치는 자연의 본질을 상징한다는 것을 잊지 말라! 또한 우리는 빵과 포도주의 자연적인 성질에 힘입고 있다는 감사를 잊지 말라! 그리고 우리가 먹고 마시는 것이 비속한 일상적 행위이며, 그 때문에 무수한 사람들에 의해 정신도 없고 심성도 없이 수행되기 때문에 그것을 종교적인 행위라고 말한다는 것을 조소하고 싶다면 조소해도 좋다. 그때 성만찬 역시 그것이 종종 일어나기 때문에 무수한 사람들의 경우에 심성도 정신도 없이 행해지는 행위라는 것을 생각하라! 또 빵과 포도주를 향유한다는 것의 종교적 의의를 이해하기 위하여 언젠가 일상적인 활동이 비자연적-폭력적으로 중단된 상태에 우리 자신을 놓아 보라. 배고픔과 갈증은 단지 인간의

---

7 "먹고 마시는 것은 어떤 일보다도 용이한 일이다. 왜냐하면 먹고 마시는 것은 세상에서 가장 즐거운 일이기 때문이다. 그것은 우리가 '먹지 않으면 춤을 추지 못한다'고 보통 말하는 것을 보아도 알 수 있다. 그리고 즐거운 머리는 만복(滿腹) 위에 있다고 말해지고 있다. 간단히 말해서 먹고 마시는 것은 매우 필요한 일이며 사람들은 이것을 곧 익혀서 사람들에게 가르쳤던 것이다. 우리가 사랑하는 주 그리스도도 이와 같이 사랑스럽고 필요한 일을 행하시며 다음과 같이 말씀하신다. '나도 감미롭고 즐거운 식사를 준비하여 나는 너희에게 어려운 일을 과하지 아니하고 만찬을 정하였다.'" Luther, T. XVI. S. 222.

육체적 힘을 파괴할 뿐만 아니라 정신적 및 도덕적인 힘을 파괴한다. 배고픔과 갈증은 인간으로부터 인간성과 오성과 의식을 빼앗는다. 오! 만일 언젠가 그와 같은 결핍과 불행을 체험한다면, 어떻게 우리가 또다시 인간성과 오성을 부여한 빵과 포도주의 자연적인 성질을 축복하며 찬미할 수 있을 것인가! 그와 같이 우리는 범속한 것에서 범속하지 않은 의의를 획득하고, 일상적인 생활 그 자체에서 종교적 의의를 획득하기 위하여 단지 사물의 일상적인 범속한 경과를 중단 하게 하는 것이 필요할 뿐이다. 그러므로 우리에게 빵이 신성하고, 포도주가 신성하며 그리고 물 또한 신성할지어다! 아멘.